Klaas Huizing
Gottes Genosse

Klaas Huizing

Gottes Genosse

Eine Annäherung an Karl Barth

KREUZ

MIX
Papier aus verantwortungsvollen Quellen
FSC® C083411
FSC
www.fsc.org

www.kreuz-verlag.de
Umschlaggestaltung: Uwe Baumann
Umschlagfoto: © Karl Barth-Archiv, Basel
Satz: NagelSatz, Reutlingen
Herstellung: CPI Clausen & Bosse, Leck
ISBN 978-3-946905-50-9

„Wenn es irgend ein lebensgefährliches Unternehmen gibt auf Erden […], dann ist es das Unternehmen einer Summa theologica, einer Dogmatik.“

Karl Barth
Unterricht in der christlichen Religion

Inhalt

DER SPIEGEL
13. JAHRGANG · NR. 52
23. DEZEMBER 1959 · 1 DM
AUSGABE BERLIN
POSTVERLAGSORT BERLIN
GOTTES FRÖHLICHER PARTISAN
Dialektischer Theologe Karl Barth (siehe „Religion")

Einleitung

Der Held der Jugend

Wer wie ich in den späten siebziger Jahren zunächst Theologie in Münster und dann in den Niederlanden studierte, tauchte in eine Welt ein, die Barth sprach.[1] Barth war die *lingua franca* der protestantischen Theologie, die Mehrsprachigkeit noch kaum entdeckt, ganz wenige der jüngeren Dozentinnen und Dozenten nuschelten verschliffen und zungenunsicher wahlweise Tillich, Bultmann, Ebeling oder Pannenberg, noch waren viele damit beschäftigt, Auratisierungsprosa über den Meister Barth zu produzieren, und verblieben kuschelig in der barthschen Echokammer und Komfortzone.

Markantes Merkmal der jüngeren Studierenden waren die wundgelesenen Augen, in langen Nächten glücklich erarbeitet durch die Lesewut, die sich durch den Bücherberg der *Kirchlichen Dogmatik*[2] *(KD)* wühlte – Kumpel im Dienste höherer Einsicht. Ihre schlecht gelüfteten Gesichter hellten sich über Tage dann auf, wenn sie die Architektur der *KD* (die erste chice Abkürzung, die ich lernte) perfekt nachbauen konnten. Und ein Glanz überstrahlte ihr Gesicht, wenn sie sich aus dem Kopfregal einen Paragraphen der *KD* ausliehen und sich in den Seminaren Lob abholten, indem sie wie eine Funktionärsmaschine funktionierten und den barthschen Begriffszauber entfachten: Für einen holländisch Reformierten wie mich war Karl Barth die ausgelesene DNA.

Ich war also ein idealer Kandidat, um ein strebsamer Barthianer und Adorant des protestantischen „Kirchenvaters des 20. Jahrhunderts" zu werden. Ein nachhaltiger Barthianer bin ich nicht geworden, obwohl ich in einer Melange aus Schaudern und Faszination bis heute Karl Barth bestaune.

1. Barth war ein großer Stilist, der unterschiedliche Stilarten beherrschte, mit expressionistischer Verve, revolutionärem Pathos, mit Witz (das auch!), in dialektischen Schleifen, in retardierenden und mäandernden Wiederholungen, in barock überschießenden Sätzen, dann auch wieder apodiktisch und autoritativ formulierte, manchmal materialermüdende Überrumpelungsprosa verfasste, sogar im Vokativ schreiben konnte.[3] In einem sehr basalen Sinne ist Theologie Stil, die Kunst, eine andere Weltsicht sprachmächtig zu präsentieren. Schriftsteller von Format wie John Updike und Martin Walser zählten oder zählen zu Barths Bewunderern. Sie haben ihn als einen Verwandten wahrgenommen. Nicht zu Unrecht. In seinen letzten Lebensjahren kam es ausgehend von der Initiative Barths zu einem denkwürdigen Kontakt mit dem Schriftsteller Carl Zuckmayer. *Gottes Genosse General* traf auf den Autor von *Des Teufels General*. Am nächsten komme ich Barth in seinem Verständnis von Literatur, von Kunst überhaupt: Kunst ist für Barth dann große Kunst, wenn sie nicht dämonisch oder tragisch grundiert ist.

2. Barth besaß ein eigenes Okular für politische Weitsicht. In dieser Hinsicht gilt meine Bewunderung uneingeschränkt, weil er es gleich drei Mal unter Beweis gestellt hat. Auf die anfangs unkritische Haltung seiner Lehrer gegenüber dem Ersten Weltkrieg, darunter der Berliner Theologe Adolf Harnack (damals noch nicht adelig) und Barths Marburger Lehrer Wilhelm Herrmann, reagierte er sehr früh mit größter Reserve. In den 1920er bis 1940er Jahren handelte Barth ebenso charakterstark: Nach einer kurzen Inkubationszeit, in der er Hitler noch glaubte als Theaterpolitiker deuten zu können, gab er seine SPD-Mitgliedschaft nicht zurück, leistete nicht den Eid auf den Führer und als *spiritus rector* der *Barmer Theologischen Erklärung* bereitete er, der Schweizer, den Boden für eine (moralische) Neugeburt Deutschlands nach dem Krieg. Schließlich weigerte er sich nach dem Zweiten Weltkrieg mit viel Augenmaß, in den Kalten Krieg zu ziehen – was ihm häufig auch von ehemaligen Weggefährten verübelt worden ist. Nachdrücklich votierte er gegen die deutsche Wiederbewaffnung, eine Haltung, die ihm 1958 auf politischen Druck hin die Verleihung des Friedenpreises des Deutschen Buchhandels kostete. Diese mehrfach bewiesene politische Weitsicht war, wie zu zeigen, eine positive Konsequenz seiner prophetischen Theologie.

3. In einem sehr pointierten Sinn startete Karl Barth als prophetischer Revolutionär unter den Theologen. Das hing mit seinem radikalen Verständnis von Theologie spätestens ab dem ersten Römerbriefkommentar

(1919) zusammen. Kühn hat Barth mit einer tiefen Verbeugung vor Søren Kierkegaard in der zweiten Auflage des Römerbriefkommentars (1922) eine radikale Differenz zwischen Gott und Welt aufgemacht und von einer *Diastase* gesprochen. Aus dieser Differenz heraus schlug er kreative Funken, die auch Freundschaften verbrennen konnten. Seinem Kollegen – ich zögere: Freund zu schreiben, obwohl er ihn bis ins Alter hinein so nannte – Emil Brunner hat er einmal auf einem Cover ein *Nein!* entgegengeschleudert. Allein diese prophetische Geste bewundere ich. So kritisch wie er Anderen gegenüber war, so kritisch war er auch sich selbst gegenüber. Barth war ein atemberaubender Retraktatskünstler, der sich ohne zu schämen selbst heftig ins Wort fiel. In der zweiten Auflage des Römerbriefkommentars, schrieb er über die zentrale Pointe der Erstauflage: *„Unmöglich!"*[4] Und in der *KD* notierte er über die Zweitauflage seines Römerbriefkommentars ohne sich lange zu spreizen, die Rede von Gott als „der oder das ‚ganz Andere'" sei „unhaltbar, verkehrt und heidnisch". (KD IV/1, 203) Die schlecht zahlenden Nachmieter in Barths Denken haben diese Grandezza oft vermissen lassen. Will man die in der gegenwärtigen Theologie grassierende Tranquilizerstimmung aufhellen, muss man, so wie Barth es getan hat, deutlich und mutig Farbe bekennen. Notfalls auch Freunden und Weggefährten gegenüber. Und notfalls kann man widerrufen.

4. Mit Karl Barth teile ich seine Vorliebe für die dialogische Bewegung um Martin Buber. Zum wirklichen

Menschen, so die Grundeinsicht, wird man in der Begegnung mit einem anderen Menschen. Barth bekundete diese Liebe allerdings sehr spät und brannte dann vor Ehrgeiz, Buber zu überbieten. Ein idealer Gesprächspartner wäre Emmanuel Levinas gewesen, der wie Barth Dialogik, Prophetie und Totalitätskritik zusammenband. Barth hat ihn, wenn überhaupt, allenfalls am Rande wahrgenommen. Beide Autoren teilen die Stärken und Schwächen einer radikalen Totalitätskritik, die stets in der Gefahr steht, selbst totalitär zu werden.

5. Barth war ein Athlet der Bibellektüre. Das barthsche Meisternarrativ ruht auf den biblischen Texten. Für die theologische Richtung, aus der Barth stammte, galt diese Rückbindung nicht zwingend. Gegen den Historismus seiner Lehrer, der die geschichtliche Bedingtheit und damit auch Relativität alles Gewordenen unterstellt, wurde ihm die Lektüre des Römerbriefs zu einer existentiellen Erfahrung, die den von Gotthold Ephraim Lessing entdeckten breiten Graben zwischen den biblischen Texten und der Gegenwart leichtfüßig übersprang. Biblische Texte waren nicht länger abständig, sondern kommentierten die Gegenwart ganz unmittelbar. Dieses Angebot einer radikalen Horizontverschmelzung imponierte den Leserinnen und Lesern. Der Eindruck des Neuerers verfestigte sich noch, weil Barth mit einer atemberaubenden Unterscheidung von Offenbarung und Religion die anwachsende Atheismus-Ängstlichkeit therapierte. Barth plädierte für einen radikalen Subjektwechsel. Theologie sollte ge-

fälligst ihren Ausgangspunkt nicht von der Anthropologie, sondern von der Selbstoffenbarung Gottes nehmen. Und allenfalls in diesem Sinne, von der Idee der Offenbarung her, war das Christentum für Barth die wahre Religion – auch wenn die empirische Gestalt der protestantischen Kirche diesem Ideal nicht zwingend entsprach. Für Barth legten die biblischen Texte Zeugnis ab von der Selbstoffenbarung Gottes. Ob er mit dieser engen Sichtweise der Qualität der biblischen Texte gerecht wurde, ist allerdings sehr die Frage. An dieser Stelle hätte ich mir Barth deutlich kritischer gewünscht.

6. Barth war ein Triathlet mit zweiter Luft. Diese zweite Luft spendete auch Charlotte von Kirschbaum, die mehr als drei Jahrzehnte an der *KD* mitarbeitete. Täglich wurden mindestens vier bis acht Seiten produziert! Beide ratifizierten ein wahrlich calvinistisches Arbeitsethos. Auch das ehrt ihn: Barth hat aus seinem Liebesverhältnis zu Charlotte von Kirschbaum, Lollo genannt, kein Versteckspiel gemacht, verbrachte Urlaube mit ihr auf dem berühmten Bergli, ein Ferienhaus oberhalb des Zürichsees. Liebesnest und Widerstandsnest gegen die liberale Theologie seiner Lehrer gleichermaßen. Die inzwischen publizierten Briefe lassen keine verzopften Deutungsspiele zu: Es war eine große, auch sexuelle Liebesgeschichte. Fraglos: Das Leben zu dritt war nicht einfach, das hässliche Wort von der Notgemeinschaft machte die Runde. Aber: Der Theologe Karl Barth ist ohne Charlotte von Kirschbaum nicht zu haben, auch wenn sie im neuen Barth-Handbuch skandalös auf schlanken fünf Seiten ab-

gehandelt wird.[5] (Von den 82 Artikeln des Handbuches wurden nur zwei der Artikel von Frauen verfasst. Die Altmännerriege herrscht in der barthschen Theologie nahezu ungebrochen weiter. Ein Grund zum Fremdschämen.)

Mein Essay hat sechs Teile. Für eilige Leserinnen und Leser erinnere ich im ersten Teil die wichtigsten biographischen Stationen dieses im besten Sinne bewegten, spannenden und mutigen Lebens. Barth war einer der prägenden Figuren der Zeitgeschichte im 20. Jahrhundert. Und privat lebte er ganz anders, als man es in den bürgerlichen theologischen Milieus gewohnt war.

Ein zweiter Teil nähert sich den Anfängen bis zum berühmten Römerbriefkommentar in der ersten (1919) und zweiten Auflage (1922). Das ist die für alle Lesenden jener Jahre sichtbare Geburtsstunde des revolutionären und prophetischen Barths, der sich von seinen liberalen Lehrern abwendet und mit viel Verve eine radikale Wende einschlägt. Dabei teilt er mit seinen Lehrern, namentlich mit Wilhelm Herrmann (1846–1922), die Sorge um die unverwechselbare Persönlichkeit, die in den wilden zwanziger Jahren droht zerrieben zu werden. Retten aber, so seine ursprüngliche Einsicht, lässt sich die Persönlichkeit nicht im Rekurs auf religiöse Erfahrung, sondern nur im Rekurs auf Gott als den ganz Anderen. Und Karl Barth ist mit der geliehenen Stimme von Paulus der Prophet dieses ganz Anderen. Ich folge seiner auch sprunghaften Entwicklung und stelle kritische Rückfragen.

Im dritten Teil untersuche ich, wie Barth in kreativen Schüben seine religionskritischen Einsichten verdichtet und in kreativen Sprüngen das Modell seiner *Kirchlichen Dogmatik* entwickelt, das unter der Marke Wort-Gottes-Theologie Karriere macht. Die prophetische Theologie wird zu einem Jahrhundert-Projekt.

Der vierte Teil konzentriert sich auf den hermeneutischen General-Schlüssel des *Opus magnum*: die Erwählungslehre oder die Lehre von der Gnadenwahl. Es ist Barths Angebot einer radikalen Entängstigung, Evangelium, frohe Botschaft im Wortsinn. Barth ist jetzt nicht länger primär ein Warner und Unheilsprophet, sondern ein Heilsprophet im besten Sinne des Wortes. An Barths Verständnis von Literatur verdeutliche ich die Stärke dieser konstruktiven Idee. Erschienen ist dieser Band der *KD* im Jahr 1942. Mitten im Krieg entwirft Karl Barth eine Erwählungslehre, die niemanden ausschließt! Ein gleichermaßen provokanter und tröstender Gestus.

Für frühe und treue Barth-Leser war es eine Überraschung, als in der *KD* zunehmend weniger als in den Römerbriefkommentaren von Gott als dem Richter die Rede ist, sondern die *Menschlichkeit Gottes* ins Zentrum rückt. Nicht länger wird in Bausch und Bogen die Anthropologie denunziert, aber statt von Anthropologie spricht der späte Barth ausdrücklich von *Theanthropologie*. Im fünften Teil meines Essays entpuppt sich Barth als verspäteter Anhänger der dialogischen Bewegung um Martin Buber mit eingelagerter Überbietungsrhetorik.

Ein sechster Teil zeigt an der auflagenstarken kleinen Schrift *Theologische Existenz heute!* und an der Schrift *Christengemeinde und Bürgergemeinde* die auch politisch revolutionäre und ethische Sprengkraft dieses Ansatzes. In der vorliegenden Gestalt ist diese politische Ethik zwar nicht gegenwartstüchtig, aber – und das fasziniert – die Thesen dieses schmalen Werks zeigen Barth als einen Propheten von Wikileaks und in seiner Parteienverdrossenheit als Propheten einer postdemokratischen politischen Bewegungskultur. En marche!

Ein Schlusskapitel wirft einen Seitenblick auf die Barthianer und fragt nach den Konsequenzen für eine gegenwartstaugliche Theologie. Wie sähe eine radikale Antwort auf Barth aus, die ebenfalls kein *Rollback* zu längst vergangenen Positionen einschlägt? Gibt es ein markantes Gegenmodell zu einer prophetischen Theologie?

Mein Essay lässt Barth in längeren Zitaten zu Wort kommen, um den Barth-Sound einzufangen. Barth kann knallig formulieren, aber die Gedankengänge sind komplex. Das sollte man nicht verschweigen. Es gibt auch den zelebralen Barth. Barth füllte in seinem lebenslangen Schreiben – stellt man neben die *KD* die vielen Bücher, die aus dem Nachlass noch immer erscheinen – ein Ikea-Billy-Regal. Barth für Dummies? Eher nicht. Man muss ihn gründlich lesen, um seine über viele Jahrzehnte anhaltende Anziehungskraft zu verstehen. Meine Interpretationsthese lautet: Karl Barths Neuerung ist der Versuch, eine prophetische Theologie für die Gegenwart zu entwerfen. Unterwegs entwickelt er sich vom revolutionären Gerichts- zum radikalen Heilspropheten.

Auch heute noch ist Barth beschämend aktuell, weil die gemeinschaftstreue Persönlichkeit, deren prophetischer Anwalt Barth stets war, erneut unter Druck gerät: durch mediale Umbrüche, durch oft an sich selbst adressierte Überforderungsansprüche, durch ökonomischen und politischen (oft kaschierten) Gleichschaltungswillen, durch versteckte Dressurmaßnahmen und durch Algorithmen, die unser Leben beeinflussen. Eine prophetische Theologie,[6] wie sie Barth vorgelegt hat, und eine prophetische Philosophie, wie sie Levinas präsentierte, sind als radikale Totalitätskritiken – trotz meiner Vorbehalte – auch gegenwärtig eine Option. Und beide machen wahrscheinlich, dass man für eine radikale Totalitätskritik Gott braucht.

Als Gestus freilich ist jede auf Dauer gestellte prophetische Theologie und prophetische Philosophie unerträglich, weil sie unentwegt eine reine, geschichtsindifferente Wahrheit im Munde führt. Obwohl ich noch einmal einen Umweg über die prophetische Philosophie von Levinas genommen habe,[7] bin ich als Theologe kein Barthianer geworden: Mir ist die prophetische Geste letztlich sehr fremd. Eine entschiedene Antwort auf Barth ist deshalb für mich eine biblisch grundierte und geerdete Weisheitstheologie, die ein ideales Widerlager zur prophetischen Theologie eines Karl Barth bieten kann.

Ein Leben

Ganz anders

„Mein Vater war auch schon Theologe, ein Theologieprofessor von mild konservativer Gesinnung, nicht orthodox, aber ‚positiv', wie man das damals zu nennen pflegte. Und meine Eltern haben mich und meine Brüder aufgezogen, wie ich jetzt nachträglich jedenfalls sagen muß, in einem guten, christlichen Geiste."[8]

Ich beginne ganz sachlich. (Sachlichkeit war lebenslang ein Lieblingswort von Karl Barth!) Am 10. Mai 1886 wird Karl Barth als das älteste Kind des Ehepaares Johann Friedrich Barth und Anna Katharina Barth, geb. Sartorius – sie entstammt einem streng reformierten Pfarrhaus – in einem bildungsbürgerlichen Milieu in Basel geboren. Karl folgen noch zwei Schwestern, Gertrud (1886) und Katharina, die 1899 mit sechs Jahren stirbt, und seine Brüder Peter (1888–1940, später Pfarrer und Calvin-Forscher) und Heinrich (1890–1965, später Professor für Philosophie in Basel). 1889 zieht die Familie nach Bern um, dort wird Barths Vater zunächst Privatdozent, dann 1891 außerordentlicher Professor und 1895 Ordinarius für Neues Testament und für ältere und mittlere Kirchengeschichte.[9]

„Dann müßte ich als nächste Person, die mir Eindruck gemacht hat und dann für meine Entwicklung

Die Familie Barth in den frühen 1930er Jahren (von links nach rechts): Grete Karwehl, Peter Barth, Markus, Charlotte von Kirschbaum, Hans Jakob, Karl Barth, Franziska, Christoph, Matthias, Nelly Barth © Karl Barth-Archiv, Basel wichtig wurde, den Pfarrer nennen, der mich unterrichtet und zur Konfirmation geführt hat. Das war ein Berner Pfarrer namens Robert Aeschbacher, ein damals sehr anerkannter und beliebter Prediger in Bern. [...] Ich war der einzige unter der Bubenschar, der schon wie ein Student fast wörtlich nachgeschrieben hat, was der Mann uns gesagt hat. Und am Ende dieses Unterrichts war es mir klar: ich muß Theologe werden."[10] Nach der Matura 1904 beginnt Barth das Studium zunächst in Bern, hört bei seinem Vater Vorlesungen und besucht seine Seminare, geht dann für ein Wintersemester 1906/07 nach Berlin, studiert dort bei dem damaligen akademischen Star des deutschen Kaiserreichs, bei dem Kirchenhistoriker Adolf Harnack, beim Alttestamentler Hermann Gunkel und bei Julius Kaftan, der den ehemaligen Lehrstuhl von Schleiermacher bekleidet. Für das Sommersemester kehrt er nach Bern zurück, verlernt dort immerhin das Gruseln. „Was ich jenen Berner Meistern trotz allem verdanke: ich habe damals das Gruseln verlernt, habe nämlich die ‚historisch-kritische' Schule in ihrer älteren Gestalt damals so gründlich durchlaufen, daß mir die Äußerungen ihrer späteren und heutigen Nachfolger nicht mehr unter die Haut oder gar zu Herzen, sondern, als nur zu bekannt, nur noch auf die Nerven gehen konnten."[11]

Auf nachdrücklichen Wunsch seines Vaters hin wechselt er für ein Semester nach Tübingen, besucht dort Vorlesungen bei Adolf Schlatter, aber „seine Art zu argumentieren hat mir tief mißfallen"[12]. Ab 1908 in Marburg kommt er in Kontakt mit dem dortigen

Marburger Neukantianismus in Gestalt von Hermann Cohen und studiert intensiv bei dem liberalen Theologen Wilhelm Herrmann: „Dort fand ich, was ich gesucht hatte: eine Theologie, aufgebaut auf die ‚Kritik der praktischen Vernunft' von Kant. Denn das interessierte mich eigentlich: die ‚praktische Vernunft', der ethische Einschlag dort. [...] (I)ch [...] bin nun ein treuer Herrmann-Schüler geworden. [...] (F)ür Herrmann – das habe ich eben von ihm gelernt – war doch der christozentrische Anstoß"[13] entscheidend. Sein Examen besteht Barth in Bern am 28. Oktober 1908, wird dann in Marburg für zehn Monate Redaktionsassistent der Zeitschrift *Die Christliche Welt*, die Martin Rade herausgibt. Im Blick zurück schreibt Barth: „Die ‚Christliche Welt' war ja das große Organ dieser modernen theologischen Richtung des Neuprotestantismus ..."[14] In dieser Zeit lernt er Rudolf Bultmann kennen.

1907 verliebt er sich in die Bernerin Rosy Münger, die Eltern Barths sind allerdings *not amused* – auch deshalb, weil Rosy aus einem liberalen Elternhaus stammt –, 1910 trennt Karl sich durch das nachdrückliche Betreiben seiner Mutter von ihr: „Ich habe dieses Mädchen – sie ist 1925 gestorben – nie vergessen können."[15] Ein starker Satz, der viel über den Charakter von Barth verrät. In Genf, auf seiner Hilfspredigerstelle ab 1909, lernt er seine Konfirmandin Nelly Hoffmann (geb. 26. August 1893) näher kennen, die er 1913 heiratet. Zehn Jahre, von 1911 bis 1921 arbeitet Barth als Pfarrer in der Arbeiter- und Bauerngemeinde Safenwil im Kanton Aargau. Dort engagiert er sich in der Bewegung des Religiösen Sozialismus, die in der Schweiz von den Theologen Hermann Kutter (1863–1931), Pfarrer am Neumünster in Zürich, Leonard Ragaz (1868–1945), einige Jahre Pfarrer am Basler Münster, gegründet worden war. Erschrocken über die prekäre Lage der Arbeiter und Arbeiterinnen, reagiert Barth ganz pragmatisch und bietet etwa für die Frauen in den Fabriken Kurse in Gesundheitslehre an und nimmt für die Gewerkschaften Partei. Barth denkt intensiv über eine Synthese von Sozialismus und Evangelium nach. Schnell erarbeitet er sich einen Ruf als roter Pfarrer von Safenwil. In dieser Zeit befreundet er sich mit dem Kollegen Eduard Thurneysen, den er bereits aus der Studentenverbindung Zofingia – in dieser Verbindung lernte er das Biertrinken und das Pfeiferauchen – kennt und der in der Nachbargemeinde Leutwil Pfarrer ist.[16] Es bleibt eine lebenslange enge Freundschaft und über viele Jahre auch eine enge Arbeitsgemeinschaft. 1912 stirbt überraschend Barths Vater an einer Blutvergiftung. In Safenwil werden die Kinder Franziska Nelly (1914), Karl Markus (1915), Christoph Friedrich (1917), Robert Matthias (1921), in Göttingen schließlich 1925 Hans Jakob geboren. In seinem privaten Umfeld nennt er seine Kinder gerne ironisch seine „gesammelten Werke“.

Einen Einschnitt markiert im Rückblick der 4. Oktober 1914, denn obwohl sich Barth 1914 bereits von seinen liberalen Vätern entfremdet hat, nimmt er mit großer Verstörung und Empörung zur Kenntnis, dass seine Lehrer Harnack, Herrmann und Schlatter zu den Unterzeichnern des Aufrufs *An die Kulturwelt!* gehören, in dem 93 Intellektuelle jede Schuld Deutschlands für den Ausbruch des Ersten Weltkrieges abstreiten und unterstellte Kriegsverbrechen und die Missachtung des Völkerrechts als Verleumdung durch die Feinde kleinreden. Das Manifest der 93 ist gleichermaßen Ausdruck der Kriegsbegeisterung in Deutschland und heizt die Begeisterung weiter an. „Da gab es für mich eine große Erschütterung, nämlich eine doppelte Erschütterung: daß ich [zum einen] sah, wie meine sämtlichen theologischen Lehrer aus Deutschland mitgingen. *Alle!* – Adolf von Harnack an der Spitze, aber auch mein Herrmann war da, und – alle!"[17] Barth spricht von einer doppelten Erschütterung, weil auch die deutschen Sozialdemokraten im Deutschen Reichstag die Kriegskredite bewilligten. In einer hübsch dialektischen Volte tritt Barth prompt in die Sozialdemokratische Partei der Schweiz ein: „Ich bin nun in die sozialdemokratische Partei eingetreten", schreibt Karl Barth am 5. Februar 1915 an seinen Freund Eduard Thurneysen. „Gerade weil ich mich bemühe, Sonntag für Sonntag von den letzten Dingen zu reden, ließ es es [sic!] mir nicht mehr zu, persönlich in den Wolken über der jetzigen bösen Welt zu schweben, sondern es mußte gerade jetzt gezeigt werden, daß der Glaube an das Größte die Arbeit und das Leiden im Unvollkommenen nicht aus- sondern einschließt."[18] Ganz überraschend kommt dieser Schritt nicht, weil Barth in jenen Jahren einen engen Kontakt hält zu Hermann Kutter, der der Sozialdemokratie die Aufgabe zuwies, wie Barth in einem späten Rundfunkgespräch sagt, „den Willen Gottes in der heutigen Christenheit und

Welt [zu, K.H.] vollziehen. Das hat mir sehr eingeleuchtet, besonders weil Kutter ein ‚positiver' Theologe war, der von der Bibel her gesprochen hat. Wenn ich Kutter etwas verdanke, so könnte ich es einfach dahin zusammenfassen: Ich habe bei ihm gelernt, das Wort ‚Gott' in einem ernsthaften Sinn auszusprechen: daß man, wenn man *Gott* sagt, nicht irgendwie sagt: erhöhte Menschlichheit, sondern daß man von einem *Anderen* redet, der uns begegnet."[19]

Ab Juni 1916 beginnt Barth mit ersten Arbeiten zum Römerbriefkommentar, der offiziell Anfang 1919 erscheint, aber bereits vor Weihnachten ausgeliefert wird. „Ich habe gegenwärtig Mühe mit dem Predigen",[20] schreibt Barths Freund Thurneysen in einem seiner vielen Briefe. Der Römerbriefkommentar soll eine Antwort geben auf diese Predigtnot. Lebenslang wird diese Frage im Zentrum des barthschen Denkens stehen: Lehre und Predigtlehre gehören für ihn unlösbar zusammen. Der sich um Gattungsgrenzen nicht scherende Römerbriefkommentar, der die Loslösung aus der Religionsphilosophie und Bewusstseinsphilosophie seiner Lehrer dokumentiert, und öffentliche Vorträge – darunter der im thüringischen Tambach gehaltene Vortrag *Der Christ in der Gesellschaft*[21] – machen Barth in religiösen Kreisen auch in Deutschland auf einen Schlag berühmt. Karl Barth gilt jetzt als Kopf einer neuen Theologie, die von der Selbstoffenbarung Gottes aus startet, im Wortsinn also Theo-logie und nicht Anthropologie betreibt. Damit wird die Theologie zugleich zu einer eminent prophetischen Theologie, die mit massiver Kulturkritik einhergeht.

Obwohl Karl Barth nicht promoviert ist, wird er 1921 zum Honorarprofessor für Reformierte Theologie in Göttingen ernannt. In dieser Zeit hält er Vorlesungen über Calvin,[22] Zwingli und Schleiermacher, der ihn lebenslang nicht loslässt und den er, typisch für sein Interesse an der Predigt, ausgehend von den Predigten interpretiert: „Es hat m.W. vor und nach mir niemand den Versuch gemacht, Schleiermacher von seinen Predigten her zu interpretieren."[23]

In diese Zeit fällt auch die Überarbeitung des Römerbriefkommentars: „In der Zeit der Entstehung dieses zweiten Buches erzählte unsere Älteste, heute eine tatkräftige Großmutter, damals ein sechsjähriges Mägdlein, jedem, der es hören wollte: Der Papa schreibe jetzt ‚einen noch viel schöneren Römerbrief'!"[24] 1922 erscheint eine sehr grundsätzlich überarbeitete zweite Auflage, die entschieden Kierkegaard ins Zentrum rückt und stärker, auch vermittelt durch seinen Bruder Heinrich, neukantianischen Geist atmet. Thurneysen, der ausführlich, beinahe täglich[25] brieflich mit Barth die Überarbeitung diskutiert, kann das Erscheinen gar nicht erwarten: „Nun wird der Römerbrief nächstens eintreffen. Ich freue mich, bis er da ist, und dann legen wir uns hinter den Busch auf die Lauer und sehen zu, wie er allerorten einschlägt …"[26] Das Buch wird ein Erfolg, Karl Barth der Kopf einer Bewegung, die unter dem etwas zweifelhaften Rubrum *Dialektische Theologie* Karriere macht. Die bei Barth Studierenden füllen künftig ein Vokabelheft mit ganz neuen Begrifflichkeiten: der unendliche qualitative Unterschied von Zeit und Ewigkeit; Gott ist Gott; das absolute Paradox;

Gottesanrede als Ereignis senkrecht von oben; oder: das Gottesreich ist *totaliter aliter*. Damit ist der Flirt zwischen Sozialismus und Evangelium stillschweigend beendet.

Barth, der zehn Jahre im Pfarramt in Safenwil nur begrenzt Zeit in die wissenschaftliche Forschung investieren konnte – „(I)ch hatte die Schweizerische Gewerkschaftszeitung und den ‚Textilarbeiter' zu lesen"[27] –, muss gleichzeitig studieren und Vorlesungen halten. Zum ersten Mal erwähnt er jetzt seinen „Zeddelkasten", eine der großen Mythen der barthschen Lebensgeschichte. „Was ich mache? Ich studiere. Hauptsächlich die Reformation und was drum und dran ist. Ein umfangreiches Zeddelwerk ist im Entstehen, wo alles Wichtige seinen Platz bekommt und wieder gefunden werden kann. Die Calvin-Vorlesung für den Sommer macht mir große Sorge, und ich klaue von allen Seiten zusammen, was ich nur kann, um damit auch nur einigermaßen mit Ehren bestehen zu können: Hirsch,[28] dieser Alleswisser, mit dem ich jetzt viel verkehre, sieht mir arglistig wohlwollend zu."[29] Bereits Anfang 1922 verleiht ihm die Universität Münster einen Ehrendoktor – eine ganze Kollektion, zehn weitere Ehrendoktorhüte, wird noch folgen.

Mit seinem Freund Eduard Thurneysen und mit Friedrich Gogarten[30] gründet er 1922 die Zweimonatszeitschrift *Zwischen den Zeiten*, Schriftleiter wird der Münchner Theologe und Hauptlektor des Chr. Kaiser-Verlags Georg Merz. Emil Brunner[31] und Rudolf Bultmann[32] zählen zu den regelmäßigen Beiträgern. In der

Zeitschrift *Die Christliche Welt* kommt es im gleichen Jahr zu einer Debatte mit seinem ehemaligen Lehrer Adolf von Harnack über die Wissenschaftlichkeit der Theologie, vorausgegangen war ein Jahr vorher ein Aufsehen erregender Beitrag von Barth: *Das Wort Gottes als Aufgabe der Theologie*. In dem Artikel skizzierte Barth einen dialektischen Weg der Theologie, unterschieden vom kritischen Weg seiner Lehrer und dem alten dogmatischen Zugang. Wie kann man über den souveränen Gott, den Gott, der Gott ist, reden und wie von ihm predigen, ohne ihn zu vergegenständlichen? Barth glaubt dieser unmöglichen Möglichkeit nur gerecht werden zu können, wenn er einen Stil kreiert, der in dialektischen Schleifen, die sich gegenseitig widerrufen, Gott zur Sprache bringt.

Ab dem Sommersemester liest Barth erstmals eine eigene Dogmatik, versteht darunter jetzt eine trinitarisch strukturierte Offenbarungstheologie als Selbstauslegung Gottes, die die Souveränität, also die absolute Freiheit Gottes ernst nimmt. In der sich lutherisch verstehenden Fakultät in Göttingen wird er genötigt, als Titel der Vorlesung die deutsche Übersetzung des Hauptwerks von Johannes Calvin: *Unterricht in der christlichen Religion* anzuzeigen. Eine feine Ironie der Geschichte: Auch das *opus magnum* von Albrecht Ritschl, ehemals Oberhaupt der liberalen Theologie, trägt diesen Titel.

1923 lernt Barth im Freundeskreis um den Münchener Pfarrer Georg Merz in der Laimer Kirche Charlotte von Kirschbaum, die eine Ausbildung zur Rotkreuzschwester macht, zunächst nur sehr flüchtig kennen.

Im Sommer 1925, Karl Barth ist soeben zum Professor für Dogmatik und neutestamentliche Exegese in Münster berufen worden, kommt es im Sommerhaus des Ehepaars Gerty und Ruedi Pestalozzi zu einer näheren Bekanntschaft, aus der sich in sehr kurzer Zeit eine mächtige Liebe entwickelt. 98 Mal werden von Kirschbaum und Barth dort künftig arbeitsintensive Tage oder ganze Wochen verbringen. Unzweideutig schreibt Karl Barth am 28. Februar 1926 aus Münster an Charlotte von Kirschbaum, Lollo genannt, nach Krefeld: „Eine ‚geistliche Minne', wie sie Heinrich Seuse mit der Elsbeth Stagel oder noch neulich der jüngere Blumhardt [...] mit der Anna von Sprewitz gepflogen hat? ‚Wie die Engel' [vgl. Mt. 22,30], sagten die begeisterten Anhänger im letzteren Fall. Ich muss bei allem Ernst lachen. Das ist nichts für uns. Wir wollen gesund bleiben und uns eingestehen, daß es sich durchaus um die menschliche irdische Liebe handelt zwischen uns, die uns unter anderen Umständen als Mann und Frau zusammengeführt hätte."[33] Oder poetisch gespiegelt im Brief vom 28. Dezember 1926:

„Sieh, ich kam so meines Wegs gegangen,
Etwas müde, aber wunschlos unbefangen,
Litt ein bißchen, doch nicht an zu schweren Wunden,
Hatte mich geruhig damit abgefunden,
Dachte mir, es müsse wohl so sein,
Daß man letztlich, letztlich sei – allein.

Sieh, dann kamest du desselben Wegs gegangen,
Frei auch du von Vorsatz und Verlangen,
Hattest still in deiner Jugend Tagen
An des Lebens Last dein Teil getragen,
Warst gedankenvoll bei deiner Pflicht,
Warst in Not und kanntest sie doch nicht.

Und dann war es wie ein freudig-leidvoll Segnen,
Daß wir zwei uns mussten dort begegnen;
Konnten uns nicht in die Augen schauen
Ohne siegreich gründlich offenes Vertrauen.
Wußten, sagten wir's einander? Nein!
Dennoch: *Keines* war nun mehr allein.

Und dann ist es über uns hereingebrochen,
Schuldvoll, freudvoll, leidvoll ward es ausgesprochen,
Größte Klarheit, höchster Jubel, tiefster Kummer
Gibt uns Ruhe nun und *raubt* uns Ruh und Schlummer.
Tut's dir weh? Mir ist's so leid – *verzeih* es mir!
Aber, Liebste, hör auch *das: ich danke dir!*"[34]

Bereits 1925 beginnt Lollo von Kirschbaum für Barth intensiv zu lesen, zu exzerpieren und zu korrigieren, darunter Barths Vorlesungsmanuskript *Unterricht in der christlichen Religion.* Sie lernt in den nächsten Jahren die Altsprachen, besucht, finanziell unterstützt von Ruedi Pestalozzi, ab April 1927 die „Soziale Frauenschule der Stadt München", beendet ihre Ausbildung im Frühjahr 1929 mit der Arbeit „Die Arbeitsverhältnisse der Schwesternschaft vom bayerischen Roten

Kreuz". Die Gesamtnote lautet: Hervorragend. 1929 zieht sie in das Haus der Barths in Münster ein, zieht mit der Familie um, als Barth 1930 Professor für Systematische Theologie in Bonn wird. Über 35 Jahre leben Karl, Nelly und Lollo an unterschiedlichen Orten unter einem Dach.[35] In einem Brief vom 18. März 1947 schreibt Barth an den Pfarrer Wilhelm Lachat sehr offenherzig: „Gerade die Tatsache, welche die größte irdische Wohltat ist, die mir in meinem Leben geschenkt wurde, ist zugleich das strengste Urteil wider mein irdisches Leben. So stehe ich vor Gottes Augen, ohne daß ich ihm auf die eine oder andere Weise entkommen könnte; ich versuche ihn zu loben, so wie ich bin und nach den Möglichkeiten, die mir geschenkt sind oder die mir noch bleiben. Es gibt keinen Grund sich zu brüsten, wohl aber viele Gründe dankbar zu sein! Es ist durchaus möglich, daß sich daher in meiner Theologie ein Element der Erfahrung findet, oder besser gesagt: ein Element von gelebtem Leben. Es wurde mir auf eine sehr konkrete Art verboten, der Legalist zu werden, der ich unter anderen Umständen hätte werden können."[36]

Nach Bonn, so erzählt Barth, wurde ich eigentlich „aus staatspolitischen Gründen [...] gerufen. Die damalige Regierung – das war noch lange vor Adolf [Hitler] – wollte die Universität Bonn systematisch stark machen, damit an der ‚Westmark', wie man dort sagte, die deutsche Kultur in einer würdigen Weise vertreten [sei]. So haben [die Behörden] alle Fakultäten in einer Weise ‚stark gemacht', daß sie Leute gerufen haben, von denen sie erwarteten: die werden da etwas schaffen und werden eine Anziehungskraft bedeuten."[37] In den Jahren in Bonn schließt Barth eine enge Freundschaft mit dem Philosophen Heinrich Scholz[38], der ebenfalls bei Harnack in Berlin studiert hatte. Sie diskutieren kontrovers über die Wissenschaftlichkeit der Theologie, auch im Rückbezug auf Schleiermacher, beide schreiben an Texten über Anselm von Canterbury, aber nur Barths Ausarbeitung erscheint als Buch unter dem Titel *Fides quaerens intellectum. Anselms Beweis der Existenz Gottes im Zusammenhang seines theologischen Programms* (1931). Jetzt verabschiedet er endgültig die alte, vor allem in der katholischen Theologie favorisierte Methode der *analogia entis*, die von einem Gott und Mensch umfassenden Sein ausgeht und damit die radikale Souveränität Gottes undenkbar macht. Jetzt redet Barth von einer Analogie im Glauben *(analogia fidei)* oder in der Beziehung (*analogia relationis*): Gott ist ein konkreter, den Menschen anredender Gott, der immer schon in einer Beziehung zum Menschen steht.

„Ob wohl Schölzlein ebenso fleißig an *seinem* Anselm ist, damit man dann, wenn ich fertig bin, das Büchlein auch drucken kann? Wenn du irgendwie ohnehin das Bedürfnis haben solltest, dich nach seinem Ergehen zu erkundigen, so fügst du vielleicht eine kleine Anfrage in dieser Hinsicht hinzu. Ich mußte übrigens neulich den beiden Altkatholiken [A. Gilg; E. Gaukler, K.H.], die Schölzleins Bücher kennen, ausführlich von ihm erzählen. Das Schönste und Dramatischste war leider nicht zu erzählen."[39] Dieser Brief Barths vom 20. September 1930 spielt im Schlusssatz auf ein pikantes Detail an: Charlotte von Kirschbaum besucht in dieser Zeit bei Heinrich Scholz Vorlesungen, sie treffen sich auch zu privaten Besprechungen, gelegentlich spielt Scholz, ein ausgezeichneter Pianist, der offenbar über die genaue Beziehung zwischen Barth und von Kirschbaum nicht im Bilde ist, von Kirschbaum Klavierstücke vor. Während eines Treffens unterbricht er sein Klavierspiel – den langsamen Satz von Beethovens Sonate op. 111 – und macht von Kirschbaum einen Heiratsantrag. Von Kirschbaum lehnt, vom Antrag überrascht, ohne offenbar Scholz zu verletzen, ab.

Im Mai 1931 tritt Barth in die deutsche SPD ein, öffentlich politisch äußert er sich in einer mit Kollegen verfassten Solidaritätsadresse an den religiösen Sozialisten Günther Dehn, der als ebenfalls roter Pfarrer bekannt wurde. Dehn lehnte Denkmäler gefallener Soldaten in den Kirchen mit dem Argument ab, eine Parallelisierung zwischen dem Opfertod Christi und dem Tod der Soldaten im Ersten Weltkrieg übersehe, dass auch die gefallenen Soldaten hätten töten wollen. Lehrangebote aus Heidelberg und Halle an Dehn scheitern, weil der Skandal erneut hochkocht. In einem Artikel für die *Frankfurter Zeitung* verteidigt Barth Dehn nachdrücklich.

1932 erscheint – auch dank der nachhaltigen Mitarbeit von Charlotte von Kirschbaum – der erste Teilband der *Kirchlichen Dogmatik (KD I/1): Die Lehre vom Wort Gottes*. Viele weitere Bände werden folgen, die Lehre von der Erlösung wird er aus Altersgründen nicht mehr bewältigen können. Eine mächtige Kathedrale, der der Schlussstein fehlt. Und ein bisschen auch ein Babylonischer Turm. Noch strikter als *Die Christliche Dogmatik im Entwurf* (1927) macht sich die *KD* von allen Versuchen frei, die christliche Rede von Gott durch die Einfügung in einen für die damalige Zeit gültigen wissenschaftlichen Verstehenshorizont einzuschreiben – das würde sie, so meint Barth, leichter korrumpierbar machen –, vielmehr soll der christliche Glaube ganz aus sich selbst verstehbar werden. Barth meint das leisten zu können, indem er auf die altprotestantische Schuldogmatik zurückgreift, freilich so, dass die Begrifflichkeiten einer zum Teil grundsätzlichen Revision unterzogen werden.[40] Der Barth im Anschluss an die Römerbriefkommentare immer wieder vorgeworfene Aktualismus der Offenbarung, der durch den Begriff des Ereignisses untermauert wird, bekommt jetzt eine festere Struktur. Durchaus selbstbewusst versteht sich Barth als Erneuerer eines biblisch-reformatorischen Denkens.

Die konzentrierte Arbeit an der *KD* hält Karl Barth nicht davon ab, sich noch markanter politisch zu äußern: „Herausgerufen worden bin ich [19]33 eigentlich erst dadurch, daß in der evangelischen Kirche selber die nationalistische Saat aufging in Gestalt der Deutschen Christen."[41] Ein „Wort zur Lage" erscheint 1933 unter dem Titel *Theologische Existenz heute!*. Barth schickt auch Hitler ein Exemplar mit einem Begleitschreiben: „Es ist mir klar, hochgeehrter Herr Reichskanzler, daß die scharfe Ablehnung der sogenannten ‚Deutschen Christen', auf die der Leser dieser Schrift an bestimmter Stelle stößt, Ihrer Auffassung und Ihren

Überzeugungen nicht entsprechen kann. Evangelische Theologie muß auch im neuen Deutschland unerbittlich und unbekümmert ihren eigenen Weg gehen. Ich bitte Sie um Verständnis für diese Notwendigkeit."[42] Selbstredend antwortet Hitler nicht. Die Schrift wird mit 37.000 Exemplaren enorm erfolgreich, 1934 wird die Restauflage beschlagnahmt. Unter dem Label *Theologische Existenz heute!* erscheint bis 1941 eine von Thurneysen und Barth organisierte Schriftenreihe (ab Heft 47, nach dem Veröffentlichungsverbot Barths, wird sie von Thurneysen alleine betreut, ab Heft 65 von Karl Gerhard Steck), die die Zeitschrift *Zwischen den Zeiten* ablöst.

Auf der Reichsbekenntnissynode in Barmen Ende Mai 1934 ist Barth der *Spiritus rector* der Barmer Theologischen Erklärung, wie Barth in einer Selbstdeutung herausstellt: Durch die Schrift *Theologische Existenz heute!* „bin ich mit den Kreisen in Zusammenhang gekommen, die später die ‚Bekennende Kirche' hießen. [...] [19]34 kam dann die Barmer Synode. Also, der Text der ‚Barmer Erklärung' ist mit wenigen Ausnahmen von mir geschrieben."[43] Offenbar hat Barth, als die drei Vertreter der Lutheraner sich zu einer Mittagspause und materialermüdet zu einem Mittagsschläfchen zurückzogen, bei einer guten Zigarre den Text verfasst. Barmen ist eine Frucht des calvinistischen Arbeitsethos. Den Seinen gibt's der Herr in der Mittagspause. In dieser bildmächtigen Szene verkörpert der zigarrenrauchende Barth einen Churchill der Theologie.

In das Jahr 1934 fällt auch eine harsche Auseinandersetzung mit seinem Freund Emil Brunner. Gegen

Brunners Schrift *Natur und Gnade* schreit Barth in seiner Antwort an Emil Brunner ein *Nein!* heraus. Barth war davon überzeugt, dass durch den radikalen Sündenfall vom Menschen aus kein Zugang zu Gott erreicht werden könne, vielmehr müsse der Heilige Geist erst den Kontakt herstellen. Brunner behauptete dagegen, es bestünde durchaus noch ein anthropologischer Anknüpfungspunkt, weil die Frage nach Gott nie verstummt sei. In diesen Jahren verfestigt sich (zu Unrecht) bei Barth der Eindruck, jedes Flirten mit dem Neuprotestantismus, also dem Versuch, ausgehend von der Anthropologie Theologie zu betreiben, würde automatisch in theologische Absichten münden, wie sie von den *Deutschen Christen* vertreten wurden.

Am 26. November 1934 wird Barth vom Dienst suspendiert, weil er den Beamteneid auf Hitler in der geforderten Form nicht leisten will. Zwar wird das Dienstrechtsverfahren mit der anschließenden Entlassung in der Revision gekippt, aber der Reichswissenschaftsminister versetzt Barth am 21. Juni in den Ruhestand. Am 25. Juni ergeht bereits ein Ruf aus Basel an Barth, im Juli erfolgt die Ausreise. „An einem Samstag wurde ich abgesetzt, am Montag schon hat der Basler Regierungsrat mich hier [in Basel] zum Ordinarius ernannt."[44] Nur einen Sonntag in seinem Leben war Karl Barth arbeitslos. Nur einmal noch reist er nach Deutschland, um in Barmen zum Thema *Evangelium und Gesetz* zu sprechen. Wegen des verhängten Redeverbots verliest den Vortragstext Karl Immer. In den folgenden zehn Jahren setzt er keinen Fuß mehr nach Deutschland: „Rausgeworfen haben sie mich."[45]

Im September und Oktober reist Barth mit von Kirschbaum nach Ungarn und Siebenbürgen, hält Vorträge über das Verhältnis von Staat und Kirche und über die Prädestinationslehre, auf der Rückreise legen beide einen Stopp in Salzburg ein: „Salzburg hat es gut mit uns gemeint, in jeder Hinsicht. Der folgende Morgen bot Ueberraschungen schönster Art: den Gang durch das Geburtshaus Mozarts – ganz zärtlich glitten Karls Hände über die kleine Geige des sechsjährigen Wolfgang Amadeus und über das zierliche Claviocin, auf dem die Zauberflöte entstanden ist –, das Orgelspiel im St. Peter, das uns vom Kirchplatz hereinrief in den feierlichen Dom, durch dessen hohen Raum die wehmütig-heiteren Klänge einer Mozart-Sonate tönten."[46] Barths große Begeisterung für Mozart gewinnt später Gestalt in der kleinen Schrift *Brief an Mozart* von 1956. In der Sonntagsausgabe der *Neuen Züricher Zeitung* vom 13. Februar 1955 legt Barth ein eindrückliches Bekenntnis zu Mozart ab: „Ich habe zu bekennen, daß ich (dank der nicht genug zu preisenden Erfindung des Grammophons) seit Jahren und Jahren jeden Morgen zunächst Mozart höre und mich dann erst (von der Tageszeitung nicht zu reden), der Dogmatik zuwende. Ich habe sogar zu bekennen, daß ich, wenn ich je in den Himmel kommen sollte, mich dort zunächst nach Mozart und dann erst nach Augustin und Thomas, nach Luther, Calvin und Schleiermacher erkundigen würde. [...] Ich höre in Mozart eine Kunst des Spielens, die ich so bei keinem anderen wahrnehme. Schönes Spielen setzt voraus: ein kindliches Wissen um die Mitte – weil um den Anfang und um das Ende – aller Dinge. Ich höre Mozart aus dieser Mitte heraus, von diesem Anfang und Ende her musizieren. Ich höre die Begrenzung, die er sich auferlegte, weil gerade sie ihn erfreute. Sie erfreut, sie ermutigt, sie tröstet auch mich, wenn ich ihn höre."[47]

Im *Dankbrief an Mozart* gibt Barth dann nochmals eine Kostprobe seines großen Humors: Er „sei nicht schlechthin sicher, ob die Engel, wenn sie im Lobe Gottes begriffen sind, gerade Bach spielen – [er, K.H.] sei aber sicher, daß sie, wenn sie unter sich sind, Mozart spielen und daß ihnen dann doch auch der liebe Gott besonders gerne zuhört."[48]

Der späte Barth rühmt an Mozart, was ihn später auch an Zuckmayer so berührt: „Es ist gerade die Abwesenheit aller Dämonen", worin die Größe Mozarts bestehe: *„Dona nobis pacem!* Das ist bei Mozart allem zum Trotz schon erfüllte Bitte. […] Mozart hat nie gejammert, nie gehadert. Er hätte es wohl auch tun können. Er vollzog aber an Stelle dessen immer diese tröstliche, diese für jeden, der sie vernimmt, köstliche Wendung. Das scheint mir, sofern man das annähernd sagen darf, das Geheimnis seiner *Freiheit* …"[49] Als Einstimmung in die Theologie von Barth eignen sich seine kleine Schriften zu Mozart vorzüglich![50]

Im Rahmen der *Gifford Lectures* hält Barth 1937/1938 zwanzig Vorlesungen zum Thema: *Gotteserkenntnis und Gottesdienst nach reformatorischer Lehre.* 1938 erscheint dann die *KD I/2: Die Lehre vom Wort Gottes, 2. Hälfte.* Nach dem Etikett *Dialektische Theologie* erhält seine Theologie das Kennzeichen *Wort Gottes-Theologie.* Mit dem Abdruck von *Rechtfertigung und Recht* wird die

Schriftenreihe *Theologische Studien* begründet, die wegen Barths Veröffentlichungsverbots in der Schweiz erscheint.

Großes Aufsehen und Missfallen bei Vertretern der Bekennenden Kirche erregt Barths *Brief an Prof. Hromádka in Prag*[51] vom 19. September 1938, in dem Barth die Tschechen zum Widerstand gegen Hitlers Aggression aufruft. Die auf ihren Neutralitätskurs beharrende Schweiz verfolgt zunächst mit Argwohn Barths Auftreten, der sich als *Eine Schweizer Stimme*[52] immer wieder zu Wort meldet, hört ihn ab, belegt ihn zeitweilig mit einem Rede- und Publikationsverbot, weil Barth in seinem Vortrag *Im Namen Gottes des Allmächtigen*, im Sommer 1941 vor 2000 vor allem jüngeren Hörerinnen und Hörern gehalten, zum Widerstand aufruft.

Mit Politikern unterschiedlicher Couleur gründet Barth die Untergrundbewegung *Aktion Nationaler Widerstand*. 1940 meldet sich Barth zum bewaffneten Hilfsdienst. Aufgabe der Einheit wäre es gewesen, die deutsche Armee grenznah solange am Vormarsch zu hindern, bis die Hauptarmee sich in den Verteidigungsanlagen der Alpenfestung verschanzt. Im gleichen Jahr erscheint der erste Band der Gotteslehre *KD II/1: Die Lehre von Gott*. 1942 folgt der vielleicht wichtigste Band der KD, *KD II/2*, Thema ist die Neukonzeption der Erwählungslehre.

Obwohl die Barths relativ sicher in der Schweiz leben, verlieren sie einen ihrer erwachsenen Söhne. Am 22. Juni 1941 stürzt Matthias auf einer Bergtour im Berner Oberland am Fründerhorn ab und stirbt am nächsten Tag im Spital von Frutigen, seine Mutter trifft ihn nur für einen kleinen Moment bei Bewusstsein an. Karl Barth selbst hält die Trauerpredigt über 1. Korinther 13,12: *Wir sehen jetzt durch einen Spiegel in einem dunklen Wort, dann aber von Angesicht zu Angesicht.*[53]

Sowohl Karl Barth als auch Charlotte von Kirschbaum beteiligen sich ab 1943 als Vertreter der Bekennenden Kirche an der Bewegung *Freies Deutschland* in der Schweiz, von Kirschbaum wird Präsidiumsmitglied, hält Vorträge in St. Gallen, Genf und Montreux.[54] In der Bewegung, ursprünglich in Russland gegründet, engagieren sich auch Kommunisten.

Bereits Anfang 1945, noch vor dem offiziellen Ende des Kriegs, ruft Barth in seinem Vortrag *Die Deutschen und wir*, den er an vielen Orten hält, zur Versöhnung auf. Im August reist er zur Gründung der EKD und der Neueinsetzung des Bruderrates der Bekennenden Kirche erstmals wieder nach Deutschland. 1945 auch erscheint der erste Band der Schöpfungslehre *KD III/1: Das Werk der Schöpfung*, 1948 die *KD III/2: Das Geschöpf*, 1950 *KD III/3: Der Schöpfer und sein Geschöpf* (Vorsehungslehre); *1951 KD III/4: Das Gebot des Schöpfers* (Ethik). Ab 1954 folgen Übersetzungen ins Französische, Englische und Japanische.

Viel diskutiert wird Barths 1946 gehaltener Vortrag *Christengemeinde und Bürgergemeinde*, seine Antwort auf die „Zwei-Reiche-Lehre" Luthers, die er für das Versagen der Kirche in Deutschland mitverantwortlich macht. Die Sommersemester 1946 und 1947 verbringt Barth mit Gastvorlesungen in Bonn. Zusammen mit Hans Joachim Iwand[55] verfasst Barth im August 1947 das *Darmstädter Wort*. Darin bekennen beide die Mitschuld der Kirche am Nationalsozialismus, beide sprechen sich aber ebenso entschieden gegen einen christlichen Antikommunismus aus. Vor dem Hintergrund des Ost-West-Konflikts erregt Barths zweite Ungarnreise 1948 Unmut, obwohl Barth in seinem Vortrag *Die christliche Gemeinde im Wechsel der Staatsordnungen* für einen Weg zwischen Opposition und Anpassung plädiert. Im gleichen Jahr reist Barth zur Weltkirchenkonferenz nach Amsterdam und hält dort das Hauptreferat.

Zur Biographie von Karl Barth gehört es auch zu erwähnen, dass 1949 von Charlotte von Kirschbaum, deren Beitrag an der *KD* nicht auf eine Anzahl von Seiten hochgerechnet werden kann, ihre bisher verstreut publizierten Arbeiten zur Frage nach der Stellung der Frau in der Kirche in Buchform erscheinen: *Die wirkliche Frau,* ein angenehm schmales Buch von knapp einhundert Seiten. Darin setzt sie sich auch mit viel Verve mit den Texten von Simone de Beauvoir auseinander, einige Jahre später erscheint das Buch in einer japanischen Übersetzung.

Nachdem die ersten beiden Bände der *KD IV: Die Lehre von der Versöhnung* erschienen sind (1953, 1955; es folgen noch 1959 *KD IV/3, 1. und 2. Hälfte,* 1967 *KD: IV/4* ein Fragmentband über *Die Taufe als Begründung des christlichen Lebens*), publiziert Karl Barth 1956 den Vortrag *Die Menschlichkeit Gottes,* der von vielen Barth-Lesern als Dokument des Wandels aufgefasst wird. In einem Rundfunkgespräch stellt Barth später fest: „(D)ie Theologie [hat sich, K.H.] zu verstehen – eigentlich nicht nur als ‚Theologie', sondern als

‚Theanthropologie', Gott *und* der Mensch! Das aber heißt: Gott *für* den Menschen, Gott *mit* dem Menschen, Gott *vor* dem Menschen und *über* dem Menschen und *nach* dem Menschen. Aber – da ist der Mensch! Es geht *ihn* an. Von da aus ist mir der biblische Gedanke des Bundes wichtig geworden. Es ist doch schon im Alten Testament das Thema: Gott und sein Volk. ‚Ihr sollt mein Volk sein, ich will euer Gott sein' [Lev. 26,12]. Und nun ist die Sache bei mir von da aus ein bißchen menschlicher geworden, als es im ‚Römerbrief' war. [...] (D)er ‚Römerbrief' hat insofern noch einen leisen Geschmack von Individualismus, obwohl es in der Sache ja gerade das Umgekehrte ist. Aber da war nun einfach so ein kleiner Prophet in Safenwil, der jetzt seine Sache herausschmettert. [...] Ich habe ja dann diese Wendung einmal im Jahr (19)56 in einem kleinen Vortrag zusammengefasst, unter dem Titel ‚Die Menschlichkeit Gottes'. [...] Dabei ist merkwürdigerweise vielen Leuten erst zum Bewußtsein gekommen, obwohl sie es längst in meinen Büchern hätten sehen können, daß diese Wendung faktisch vollzogen war. [...] Ich habe schließlich [Jahre vorher bereits] einen ganzen Band über Anthropologie geschrieben, wo der Mensch, wie ich meinte, zu seiner Ehre kommt – aber von Gott her."[56]

Zwar wird Barth 1961 emeritiert, er hält allerdings weiterhin Vorlesungen. Seine letzte Vorlesung heißt: *Die Liebe*, die letzte Lehrveranstaltung ist ein Kolloquium über Schleiermachers „Reden". Als Nachfolger auf den Lehrstuhl wird nicht, wie Barth gehofft hatte, sein Schüler Helmut Gollwitzer berufen, sondern

Heinrich Ott, der ebenfalls von Barth promoviert wurde. 1961 reist Barth zum ersten Mal über den Atlantik nach Amerika, hält Vorträge u.a. in Chicago und in Princeton, trifft auf Martin Luther King und Billy Graham. Auf dieser Reise machen sich zum ersten Mal Konzentrationsschwächen und Anzeichen einer Demenz bei Charlotte von Kirschbaum bemerkbar. Der Zustand verschlechtert sich so dramatisch, dass sie 1966 im Sanatorium Sonnenhalde in Riehen bei Basel untergebracht wird. Nahezu jeden Sonntag besucht Karl Barth sie im Sanatorium. In einem Rundbrief an die Gratulanten zum zweiundachtzigsten Geburtstag schreibt er: „Zum ernstlich Positiven im persönlichen Bereich rechne ich aber durchaus auch die Stunde, die ich allsonntäglich bei und mit meiner lieben Lollo von Kirschbaum auf ihrer ‚Sonnenhalde' in Riehen verbringe. Ohne ihre Hingabe und Betätigung wäre ja die ganze mittlere Zeit meines Lebens und Arbeitens undenkbar gewesen. Jetzt ist sie infolge ihrer Gehirnkrankheit nur noch wie tief verschleiert, was sie einst gewesen ist. Aber die guten dortigen Schwestern sagen mir, daß sie eine Patientin ist, die sie gern haben. Und was sagte sie selbst mir noch vor zwei Wochen? ‚Es ist alles so schwer und schön, und so ist es ja auch viel interessanter!' Und beim Abschiednehmen: ‚Gelt, wir haben es doch gut!' Am 25. Juni wird sie – dem Jahrhundert immer ein Jahr voraus – 69 Jahre alt. Sie ist mir in ihrer ganzen Hinfälligkeit erbaulich."[57]

Noch einmal bricht Barth 1966 in Begleitung seiner Ehefrau Nelly, die sich beide im Alter wieder sichtbar annähern, und in Begleitung seines Arztes nach Rom auf und erhält eine Audienz bei Papst Paul VI. In das Jahr 1967 fällt die späte Freundschaft mit Carl Zuckmayer. 1968 wird Barth der Sigmund-Freud-Preis der Akademie für Sprache und Dichtung verliehen. In seinen letzten Lehrveranstaltungen beschäftigt er sich noch einmal mit Calvin und Schleiermacher, steuert ein Nachwort bei zu einer von Heinz Bolli herausgegebenen Schleiermacher-Anthologie. Den letzten Anruf am Abend vor seinem Tod führt er mit seinem Freund Eduard Thurneysen: „Ja, die Welt ist dunkel. Nur ja die Ohren nicht hängen lassen! Nie! Denn es wird regiert, nicht nur in Moskau oder in Washington oder in Peking, aber ganz von oben, vom Himmel her. Gott sitzt im Regimente."[58]

In der Nacht vom 9. auf den 10. Dezember stirbt Barth in seinem Haus in Basel, wird am 13. Dezember auf dem Basler Hörnli-Friedhof beigesetzt, am nächsten Tag findet eine Trauerfeier im Basler Münster statt, der Rundfunk ist live dabei. 1975, am 24. Juli, mehr als sechs Jahre nach Karl Barth, stirbt Charlotte von Kirschbaum und wird mit ausdrücklicher Zustimmung von Nelly im Familiengrab der Barths beigesetzt. Als letzte der drei stirbt Nelly am 23. Oktober 1976 und wird neben ihrem Mann und Lollo beerdigt.

Dort ruhen sie zu dritt.

Die Römerbriefkommentare

Der Genosse Prophet

Ein Neuerer muss Grenzpfähle ausreißen. Genau das macht Karl Barth mit Ansage. Er reißt Grenzpfähle aus, indem er furios Gattungsunterschiede einebnet. Zwar bedient sich Barth der alten Gattungsbeschreibung und nennt sein erstes eigenständiges Buch[59] einen Römerbriefkommentar, aber ein schneller Blick ins Buch muss damals die Berufsleser verstört haben. Adolf Jülicher, einer der wichtigsten Vertreter historisch-kritischer Schriftexegese, ruft in seiner Besprechung des Buches erschrocken aus, dass der Text „geradezu wie ein Kunstwerk anmutet“[60]. Verstört ist Jülicher, weil er von Barth nicht nur im Vorwort eine Relativierung der historisch-kritischen Forschung lesen muss, sondern sich zugleich genötigt sieht, einer praktischen Auslegung zu folgen, „die, ohne sich in den Einzelheiten der gelehrten Auslegung zu verlieren, die Grundgedanken jenes Briefes in der Sprache unserer Zeit wiedergeben, zugleich aber in der Vorstellungswelt der Heutigen umgießen, in stetiger Konfrontierung mit den religiösen und sittlichen Problemen der Gegenwart ihren eigenen Wert erweisen will. Mich hat Barth geradezu gezwungen, mir über die Frage nach der Bedeutung praktischer Schriftauslegung neben der streng wissenschaftlichen ein Urteil zu bilden.“[61]

Imponierend ist das vor Selbstbewusstsein strotzende Vorwort des ersten Römerbriefkommentars: „Die historisch-kritische Methode der Bibelforschung hat ihr Recht: sie weist hin auf eine Vorbereitung des Verständnisses, die nirgends überflüssig ist. Aber wenn ich wählen müsste zwischen ihr und der alten Inspirationslehre, ich würde entschlossen zu der letztern greifen: sie hat das größere, tiefere, *wichtigere* Recht, weil sie auf die Arbeit des Verstehens selbst hinweist, ohne die alle Zurüstung wertlos ist. Ich bin froh, nicht wählen zu müssen zwischen beiden. Aber meine ganze Aufmerksamkeit war darauf gerichtet, durch das Historische *hindurch* zu sehen in den Geist der Bibel, der der ewige Geist ist. Was einmal ernst gewesen ist, das ist es auch heute noch und was heute ernst ist und nicht bloß Zufall und Schrulle, daß steht auch in unmittelbarem Zusammenhang mit dem, was einst ernst gewesen ist. Unsere Fragen sind, wenn wir uns selber recht verstehen, die Fragen des Paulus, und des Paulus Antworten müssen, wenn ihr Licht uns leuchtet, unsere Antworten sein."[62]

Der Großmeister der Hermeneutik, Hans-Georg Gadamer, hat später den Römerbriefkommentar von Karl Barth als „hermeneutisches Manifest" gefeiert.[63] In der Tat: Mehr hermeneutische Horizontverschmelzung geht nicht, denn Barth kann im Anschluss an Röm 11 knapp die Weltgeschichte Revue passieren lassen oder im Anschluss an Röm 13 sich zur Politik äußern, Röm 5 gibt ihm Gelegenheit, Albrecht Dürer und Matthias Grünewald gegenüberzustellen, mit einem klaren Vorteil für Grünewald, denn es war

Grünewald, der „(d)as Wort für Golgatha, für das befreiende Leiden um der jenseitigen Gerechtigkeit willen“ gesprochen hat. „Diese Kunst ist von Gott.“ (Röm I, 118) Georg Pfleiderer, der scharfsinnigste Interpret des frühen Barth, schreibt treffend, Barths frühes Programm ziele „auf die Aufhebung der neuzeitlichen Trennung von religiös-praktischer und theologisch-wissenschaftlicher Literatur“.[64] In scharfer Abgrenzung von den exegetischen Lehrmeistern blendet Barth Auslegung und Anwendung, „explicatio und applicatio“[65], in eins.

Im Römerbriefkommentar von 1922 wird die Horizontverschmelzungsartistik beibehalten und kulturkritisch nochmals verschärft, wenn Barth eine moralische, erotische und politische Verwahrlosung in der Gesellschaft ausmacht und thematisiert: „Der Vertauschung von Gott und Welt entspricht, weil sie ein Laufenlassen der Natur bedeutet, die Vertauschung des Unentbehrlichen, Unvermeidlichen an seine dämonische Karikatur, die doch grundsätzlich mit jenem auf einer Linie liegt. Das ohnehin Bedenkliche rollt dem Absurden entgegen. Libido wird alles, das Leben Erotik ohne Grenze. Denn die Grenze zwischen dem ‚Normalen‘, und dem Perversen öffnet sich, wenn zwischen Gott und Mensch nicht eine geschlossene Grenze, eine letzte unerbittliche Schranke und Hemmung ist. [...] So tritt die letzte Entleerung und Zersetzung ein, das Chaos zerfällt in seine Bestandteile und es wird alles möglich. Nun wirbeln die Atome, nun wütet der Kampf ums Dasein. Unvernünftig geworden die Vernunft selbst, ohne Metallgehalt auch die Gedanken der

Pflicht und der Gemeinschaft. Eine Welt voll persönlicher Willkür und sozialen Unrechts tut sich auf – nicht nur im Rom der Kaiserzeit."[66] Mit dieser kulturkritischen prophetischen Predigt spricht er aus, wonach offenbar „den Leuten die Ohren juckten", wie Barth im Vorwort zur fünften Auflage von 1926 sagt.[67] Hinzu kommt ein eigenartiger Barth-Sound, der vor allem in der zweiten, sehr grundsätzlich überarbeiteten Auflage zum Einsatz kommt: *Krisis, Wagnis, Sprung, Entscheidung, Revolution, neue Welt, Gott ist Gott, Glaube als Hohlraum, Einschlagtrichter der Gnade, senkrecht von oben*. Auch wenn die Leser und Kritiker oft schwanken, ob sie den Stil expressionistisch oder impressionistisch nennen sollen, der Stil macht Karriere. Offenbar setzt Barth für die orientierungslose Generation 1918ff. eine neue Zielmarke. Die vitale Sprache ist Signal für einen Neustart.

Der Erfolg bei den Leserinnen und Lesern setzt auch deshalb ein, weil Karl Barth es nicht bei einer hysterischen Kriseninventarisierung belässt, sondern eine Lösung anbietet. Noch sehr versteckt deutet Barth eine Lösung auf den ersten Seiten an, wenn er die von ihm selbst weiter angeheizte Hysterie kanalisiert: „Die Gegensätze *innerhalb* dieser Gottwelt aber (Natur und Kultur, Materialismus und Idealismus, Kapitalismus und Sozialismus, Weltlichkeit und Kirchlichkeit, Imperialismus und Demokratie u.ä.) sind so ernsthaft nicht, wie sie sich geben. Sie sind Gegensätze *innerhalb* der Welt, für die es kein Paradox, kein Nein, keine Ewigkeit gibt." (Röm II,28) Eine Lösung kann also nur von außen kommen. Nur Gott kann uns retten.

Die Problemlage, auf die Barth reagiert, ist vielschichtig, ein zentrales Problem ist die grassierende Angst um den Bestand der unverwechselbaren Persönlichkeit. Die sich ausbreitende Massenkultur und der Massenkonsum unterspülen das personale Leben. Barth wird zum Unheilspropheten, der kulturkritische Stimmungslagen jener Jahre noch verstärkt. Für den drohenden Untergang der Persönlichkeit macht Barth nachdrücklich den Historismus verantwortlich, der die Relativität alles Gewordenen herausstreicht.

Friedrich Wilhelm Graf hat in einem spannenden Artikel von einer „antihistoristischen Revolution" gesprochen,[68] die Barth in den zwanziger Jahren angezettelt habe, die Beschreibung trifft präzise Barths Vorgehen, wenn man darunter nicht ein apokalyptisches Schwinden wissenschaftlicher Standards verbucht, denn die durch die schrittweise Publikationen der frühen Texte Barths erreichte Quellenlage und präzise werkgeschichtliche Arbeiten haben inzwischen unzweifelhaft deutlich gemacht: Karl Barth bearbeitet kreativ die Problemlagen der liberalen Theologie, namentlich die Problemlagen seines Lehrers Wilhelm Herrmann.[69] Von intellektueller Schwundstufe und einer denklahmen frommen Wende keine Spur. Ob die angezettelte antihistoristische Revolution überzeugt, ist selbstredend eine andere Frage.

Zunehmend zurückhaltend reagiert Barth auf die Lösung, die sein Lehrer Wilhelm Herrmann anbietet: Herrmann glaubt die Selbständigkeit personalen Lebens retten zu können, indem er sie an das innere religiöse Erleben koppelt, das die Kraft Gottes, ge-

Karl Barth im April 1947 in Hamburg © picture alliance/dpa

nauer: das innere Leben oder die Persönlichkeit Christi unzweifelhaft, also gewiss erlebbar macht und zu einer inneren Umwandlung und stabilen Identität führt. In der Tat: Im Vollzug des religiösen Erlebnisses ist kein Platz für Zweifel und Relativität! Und trotzdem lehnt Barth das unterbreitete Angebot seines Lehrers ab.

In einem faszinierenden Vortrag von 1925 – drei Jahre nach dem Erscheinen des überarbeiteten Römerbriefkommentars und drei Jahre nach dem Tod Wilhelm Herrmanns – hat Karl Barth seinen Lehrer noch einmal in sehr warmen Worten gewürdigt und präzise markiert, an welcher Kreuzung er in eine andere Richtung abbiegt.[70] Barth zitiert Herrmann zunächst scheinbar zustimmend: „Die christliche Gemeinde meint also ohne Zweifel, daß in der Person Jesu so wie nirgends sonst die Wirklichkeit Gottes uns fassbar wird. […] Das Bewußtsein, daß wir das an Jesus haben, nennen wir unsern Glauben an ihn. Solcher Glaube wird von uns erlebt als die Gewißheit von der uns überwältigenden Wirklichkeit einer schöpferischen Geistesmacht. Es ist undenkbar, daß wir uns das durch unser eigenes Bemühen verschaffen könnten. Trotzdem wird solcher Glaube als unsere persönliche Entscheidung in uns lebendig. Er ist neue Schöpfung Gottes und zugleich die von uns geforderte Sinnesänderung oder Bekehrung."[71] Grund für die Entstehung des Glaubens ist nach Herrmann, dass die Lesenden durch das Bild der Persönlichkeit, das die Bibel von Christus vor Augen malt, überwältigt werden und eine Kraft, eine Autorität verspüren, sich zu ändern. Die Persönlichkeit oder das innere Leben Christi wird gedeutet als Zugleich von Gerechtigkeit und Güte.[72] Als Leser möchte man Herrmann gerne zustimmen, aber hier droht in den Augen von Barth die historistische Relativierung. Barth antwortet deshalb ganz entschieden: „Was ausdrücklich als ‚Erlebnis', als ‚geschichtliche Tatsache' auftritt, das kann sich vor der Welt nicht in der Weise verschließen, wie Herrmann es wollte, das ist, wie alles Menschliche, mannigfacher Apologetik gar sehr bedürftig. [...] Wie, wenn nun dieser letzte Versuch, das klaffende Loch der Unbegründbarkeit der Religion auszufüllen durch das ‚individuelle Erleben', *auch* noch preisgegeben würde in der Erkenntnis, daß *diese* Größe Autopistie [Grund der Glaubwürdigkeit in sich selbst, K.H.] wahrlich nicht in Anspruch nehmen, sondern nur *Hinweis* sein kann auf den wirklich in sich selbst begründeten Grund, der nun wirklich in keinem Sinn ‚Objekt', sondern unaufhebbares Subjekt ist? Wenn nicht der Mensch, auch nicht in seinem Erleben, so wenig wie in seinem Denken, sondern – ja wiederum *Gott* selbst in *seinem* Wort das Datum wäre, mit dem die Dogmatik anzufangen hätte, aber wohlverstanden in keinem Sinn als Setzung unseres Bewußtseins, sondern als der sich selbst Setzende *gegenüber* unserem Bewußtsein *und* seinen Setzungen und nun in diesem definitiven, durch keinerlei Manipulation mit dem Zirkel wieder aufhebbaren *Oberhalb* Gegenstand menschlicher Erkenntnis – *der* Erkenntnis – die nur als reine Selbsterkenntnis zu begreifen wäre, also Gott sich selbst zu erkennen gebend durch sich selbst –, wenn es sich *so* verhielte, [...] wäre die Herrmannsche [...] Lehre in sich sinnvoll."[73]

Diese Fortschreibung bringt das Denkgebäude seines Lehrers radikal zum Einsturz, denn der späte Herrmann unterscheidet nachdrücklich zwischen *Glaubensgrund* und *Glaubensgedanken*, den Glaubensgrund hält Herrmann für allgemein zugänglich: „Denn das persönliche Leben Jesu kann als eine in der Geschichte wirkliche Thatsache von dem Menschen erkannt werden, bevor er glaubt, oder auch, nachdem die Kraft des Glaubens in ihm erloschen ist. Weil der unsichtbare Gott durch eine solche Thatsache den Menschen seiner gewiss macht, deshalb können wir sagen, daß er mit uns verkehrt. Er reicht mit dieser seiner Offenbarungsthat hinab in den Bereich unserer irdischen Erfahrung." Anders verhält es sich mit den Glaubensgedanken, denn „nur in einem Gedanken des auf seiner Höhe stehenden Glaubens erfassen wir das Wirken des erhöhten Christus auf uns".[74]

Nicht nur macht Barth die Trennung von Glaubensgrund und Glaubensgedanken nicht mit, sondern er plädiert für einen radikalen Subjektwechsel und für eine Christologie von oben. In einem nahezu zeitgleich geschriebenen Text markiert er den Unterschied zu seinem Lehrer in einem bissigen Bild: Barth kontrastiert die Christologie Herrmanns mit der orthodoxen Christologie, ein aus der „Höhe von 3000 m steil abfließendes Gletscherwasser": „(D)amit kann man etwas schaffen. Die Herrmannsche Christologie, so wie sie dasteht, ist der hoffnungslose Versuch, eine stehende Lagune mittelst einer Handpumpe auf dieselbe Höhe zu treiben. Das geht eben nicht."[75] Wilhelm Herrmann: Der Mann mit der Handpumpe! Dieses Bild vergisst man als Leser nicht. Christologie von oben und Christologie von unten gehen nicht zusammen.

Im zweiten Römerbriefkommentar heißt es unmissverständlich an die Adresse Herrmanns gerichtet: „Das ist die Bedeutung Jesu: die Einsetzung des Menschensohns als *Sohn Gottes*. Was er abgesehen von dieser Einsetzung ist, das ist so wichtig und so unwichtig wie alles Zeitliche, Dingliche und Menschliche an sich sein kann." (Röm II,6) Der Glaubensgrund ist nicht im religiösen Erlebnis auszumachen, sondern in der Auferstehungsoffenbarung: „Die *Auferstehung* von den Toten aber ist die Wende, das ‚Einsetzen' jenes Punktes von oben und die entsprechende Einsicht von unten. Die Auferstehung ist die *Offenbarung*, die Entdeckung Jesu als des Christus, die Erscheinung Gottes und die Erkenntnis Gottes in ihm, der Eintritt der Notwendigkeit, Gott die Ehre zu geben und mit dem Unbekannten und Unanschaulichen in Jesus zu rechnen, Jesus als das Ende der Zeit, als das Paradox, als Urgeschichte, als Sieger gelten zu lassen. In der Auferstehung berührt die neue Welt des Heiligen Geistes die alte Welt des Fleisches. Aber sie berührt sie wie die Tangente einen Kreis, ohne sie zu berühren, und gerade indem sie sie *nicht* berührt, berührt sie sie als ihre Begrenzung, als *neue* Welt." (Röm II,6) Auf den ersten Seiten des Buches wird diese Wende im neuen Sound eingeschärft: „Die Kraft Gottes, die Einsetzung Jesu zum Christus (1,4) ist im strengsten Sinn *Voraus*-Setzung, frei von allem greifbaren Inhalt. Sie geschieht im Geiste und will im Geiste erkannt sein. Sie ist selbstgenugsam, unbedingt und in sich wahr. Sie ist das schlechthin Neue, das in der Besinnung des Menschen auf Gott der entscheidende, der wendende Faktor wird. Eben um das Aussprechen und Vernehmen dieser Botschaft handelt es sich zwischen Paulus und seinen Hörern und Lesern. Auf diese Botschaft bezieht sich alle Lehre, alle Moral, aller Kultus der Christusgemeinde, sofern das alles nur Einschlagtrichter ist, nur Hohlraum sein will, in dem die Botschaft sich selbst darstellt."[76] (Röm II,12)

Nur durch diese Wende glaubt Barth die Krisenphänomene seiner Gegenwart in den Griff zu bekommen. Ganz entschieden geht es ihm um die Therapie der Zerrissenheit, eine personale Identität, so die Pointe, gibt es nur in und durch Gott. Genauer: „Gott ist Persönlichkeit." (Röm II,260)

Barths oft überzogen wirkende Invektiven gegen die Religion werden nur verständlich, wenn man seiner Einschätzung folgt, die Religion sei für die Zerrissenheit des Menschen verantwortlich, Religion (und Ethik) also Sünde schlechthin: „Religion ist ausbrechender Dualismus. Wer diesen Tatbestand durch monistisch klingende Floskeln verhüllt, der ist ‚ihr ausgezeichneter Verräter' (Overbeck) und tut auch der Welt, der er damit zu Gefallen sein will, den denkbar schlechtesten Dienst. Denn das Geheimnis, das er zuzudecken sich bemüht, läßt sich nicht zudecken und die mit Blumen umwundene Dynamitpatrone wird eines Tages doch losgehen. Religion heißt Spaltung des Menschen in zwei Teile: hier der ‚Geist' des innerlichen Menschen, der sich am Gesetz Gottes erfreut, (bin ich etwa identisch mit diesem ‚Geist', bin ich etwa bloß ‚innerlich'? Wer wagt es, das zu behaupten?), dort die ‚Natur' meiner Glieder, in der ein ganz anderes Gesetz, eine ganz andere Möglichkeit, ein ganz anderes Stück Vitalität sich zu Worte meldet, im Krieg liegt, Nein sagt zu dem ‚Gesetz der Vernunft' und seinem Ja."[77] (Röm II,251)

Wie also findet man aus der Zerrissenheit heraus?

Barths Lösungswege in den beiden Auflagen des Römerbriefkommentars sind markant unterschiedlich. Im ersten Römerbriefkommentar setzt die Erneuerung im Menschen mit dem Glauben an den Auferstandenen ein (vgl. Röm I,92): „Das organische Einheitsverhältnis zwischen Gott und Mensch und darum zwischen Gott und Welt ist wiedergefunden." (Röm I,85) Mit Vorliebe bedient sich Barth organologischer Metaphern, um zu beschreiben, wie sich Gottes Weltrevolution keimhaft im glaubenden Menschen entwickelt, damit die alten Mächte zum Erliegen kommen. Positiv heißt das: Der Geist des Lebens handelt bereits als im Leib Christi eingefügte „Organe oder Agenten der Kraft Gottes". (Röm I,313) Also gilt: Nur das in Christus gegründete Individuum tut das Gute: „Nicht *er* denkt, glaubt, handelt auf seine Rechnung und Gefahr, sondern *es* denkt, glaubt, handelt in ihm und durch ihn der ‚Leib des Christus'." (Röm I,475)

In der zweiten Auflage verabschiedet sich Barth von diesem Weg, jetzt fällt er sich selbst in Wort. Nicht länger will er fortschreiten „mit manchen Seiten der 1. Auflage dieses Buches im Anschluss an Beck[78] und altwürttembergischen Naturalismus zur Behauptung eines organisch wachsenden göttlichen Seins und Habens im Menschen im Gegensatz zu der Leerheit der idealistischen Forderung, oder doch mit der ‚gesunden' Mystik aller Zeiten zur Aufrichtung einer der Religion parallel laufenden geheimen und wahren Überreligion". Jetzt ruft er aus: *„Unmöglich!"* (Röm II, 223) Jetzt nennt er namentlich die von Johann Tobias Beck, Richard Rothe[79] und von ihm selbst „gewagten Versuche, durch naturphilosophische Spekulation zu einer anschaulich wirklichen Geistleiblichkeit vorzudringen, [...] irreführend". (Röm II,272)

Barths Retraktationen sind konsequent, denn alles Innerweltliche steht jetzt unter dem Sündenvorbehalt, Sünde wird qualifiziert als „trunkene Verwischung der Distanzen zwischen ihm und uns". (Röm II,145) Tief stapelnd heißt es im Vorwort: „Wenn ich ein ‚System' habe, so besteht es darin, daß ich das, was Kierkegaard den ‚unendlichen qualitativen Unterschied' von Zeit und Ewigkeit genannt hat, in seiner negativen und positiven Bedeutung möglichst beharrlich im Auge behalte. ‚Gott ist im Himmel und du auf Erden.' Die Beziehung *dieses* Gottes zu *diesem* Menschen, die Beziehung *dieses* Menschen zu *diesem* Gott ist für mich das Thema der Bibel und die Summe der Philosophie in Einem." (Röm II, XIII) Diese sich demütig gebende Auskunft ist auch Camouflage, denn der Offenbarungsbegriff, den Barth favorisiert, nimmt implizit Bezug auf Arbeiten seines Bruders Heinrich und den Neukantianismus: Gott in seiner Selbstoffenbarung zeigt sich als absoluter Ursprung des Seins und des Erkennens: „Gott kann nur durch Gott erkannt werden."[80] Die erkenntnistheoretische Pointe reicht noch weiter, denn Gott als Geist wird alle Handlungsmacht zugewiesen. „*Wir rechnen mit dem Geist.* Ja, als ob er ein Faktor, ein Motiv, ein Wirksames, eine Ursache wäre! Und wissen doch, daß er das alles *nicht* ist, sondern *actus purus*, reine Aktualität, reines Geschehen, ohne Anfang noch Ende, ohne Schranke noch Bedingung, ohne Ort noch Zeit, nicht Etwas neben Anderem, nicht Sache und damit auch nicht Ur-Sache." (Röm II, 257)

Kierkegaard steht nicht nur in erkenntnistheoretischer Hinsicht Pate, sondern auch rezeptionsästhetisch: Barths Text ist Anredetext und zugleich indirekte Mitteilung, freilich so, dass die Lesenden im Vollzug der Lektüre mit ihren alten religiösen Gewissheiten brechen müssen, um ein ganz neues Wissen zu erlangen.[81] Barths Römerbrief ist eine Umbildungsmaschine. An der Ethik, die Karl Barth anhand von Röm 12–13 entwickelt, ist das relativ einfach deutlich zu machen. Wenn Gott der eigentliche Revolutionär ist, dann muss der „*revolutionäre* Mensch [...] zur Strecke gebracht" werden. (Röm II,462) Menschliches Handeln darf nur noch Zeugnis vom Handeln Gottes ablegen, dazu bedarf es einer „Reinigung des Handelns von allen biologischen, pathetischen, erotischen Elementen" (Röm II,451), denn nur sofern dieses „absolute Ethos" (ebd.) erreicht wird, gibt es die Chance, die ausgemachten Krisenphänomene in den Griff zu bekommen. Positiv formuliert: „Liebe ist das existentielle Vor-Gott-Stehen des Menschen: sein Angerührtwerden von der Freiheit Gottes und eben in dieser

Berührung das Begründetwerden seiner Persönlichkeit, seine ‚Individuation' dürfen wir vielleicht sagen." (Röm II,477)

Darin besteht kein Streit: Barth ist, wie gesehen, ein Krisenanalyst von Format, ein Horizontverschmelzer von Gnaden, der sich an die Seite von Paulus stellt und doch ganz gegenwärtig bleibt, er ist ein Performanz-Artist und Rezeptions-Ästhet, der auf indirektem Wege dem Lesenden liebgewonnene religiöse Vorstellungen entwindet. Und doch bleiben kritische Anfragen, die das ganze Projekt sehr grundsätzlich betreffen und sich in den nächsten Kapiteln noch verschärfen werden.

Zunächst: Barth leiht sich die Stimme des Paulus, um als Prophet die Krisis über die Gegenwart auszurufen. Verschärft wird diese Haltung, indem Barth im radikalisierten Römerbriefkommentar eine Diastase zwischen Gott und Welt aufmacht. Wenn alles Innerweltliche – namentlich auch die Religion – Sünde ist, kann Rettung nur durch den ganz Anderen kommen, nur der ganz Andere kann den Menschen neu machen und seine Persönlichkeit neu begründen. Radikale Neuheit setzt eine radikale Differenz voraus. Das ja. Aber ist die Rede von einer radikalen Verfallenheit der Welt nicht ein metaphysisches oder spekulatives Gespenst? Geben die biblischen Narrationen Anhalt für eine solche verbiesterte Sicht? Ich habe starke Zweifel.

Sodann: Beschreibt Karl Barth die Hermeneutik von Paulus überhaupt korrekt? „Als Glaubender rühmt sich auch Paulus dieser Hoffnung und eben dieser sein Hoffnungsruhm ist die Unruhe in der Uhr, das

Urlebendige in dem paradoxen Faktum seines Apostolates. Aber – *nur* Hoffnung hat er, *nur* Hoffnung verkündigt er. Geburtshelfer zu sein gebietet ihm der Gott, Erzeuger zu sein verbietet er ihm, ihm so gut wie dem Sokrates!" (Röm II,130) Prächtig formuliert, aber man darf doch ein riesiges Fragezeichen an den Rand schreiben, denn Paulus spricht in anderen Briefen eine deutlich andere Sprache. Ich zitiere drei faszinierende Stellen: „O ihr unverständigen Galater! Wer hat euch bezaubert, denen doch Jesus Christus vor die Augen gemalt war als der Gekreuzigte?" (Gal 3,1) „Meine Kinder, die ich abermals unter Wehen gebäre, bis Christus in euch Gestalt gewinne!" (Gal 4,19) Und in 1 Kor 4,15 heißt es: „denn ich habe Euch gezeugt in Christus Jesus durch das Evangelium"!

Anders als Barth will, steht Paulus für einen markanten und extrem kühnen Metaphernsprung weg vom platonischen Sokrates.[82] So viel Inklusion war selten, denn Paulus zeugt nicht nur, sondern bringt auch noch die Kinder selbst zur Welt! Offenbar leisten die Brieftexte des Paulus sehr viel mehr, als Barth ihnen zugesteht. Von der Porträtkunst des Urschriftstellers Lukas ganz zu schweigen! Barth entmächtigt den Autor Paulus und die Urschriftsteller, um alles dem Heiligen Geist zuzuschanzen. Paulus darf nur Zeuge sein. Die Texte sprechen eine ganz andere Sprache. Barth wollte sie nicht hören. Sein theologisches Konzept kann mit diesem wenig demütigen Paulus nichts anfangen.

Damit wird drittens auch die Unanschaulichkeitstopik von Barth – die fraglos auch immer von einer typisch reformierten Bilderängstlichkeit gesteuert wird – höchst fragwürdig. Die Technik des Vor-Augen-Malens (Vor-Augen-Schreibens) ist eine anschauliche Vergegenwärtigungstechnik. Darin eingeschrieben sind auch emotionale Widerfahrnismomente. Barth wird im Gegenzug getrieben von einer auffälligen Pathosängstlichkeit, die sich auch sprachlich in der Forderung nach Sachlichkeit äußert. Nicht zufällig wird im Römerbriefkommentar von 1922 Liebe nicht als menschliche Emotion verhandelt.[83] Eros wird denunziert und in den höchsten Tönen die Agape gefeiert. Gott sei Dank hat Barth lebensweltlich die Erotik nicht verkommen lassen. In diesem Kontext besaß er durchaus (nüchterne) lyrische Talente.

Barths pathologische Anthropologieängstlichkeit wird in den frühen Texten befeuert von einer kaum kaschierten Leibfeindlichkeit. Die von Barth lange favorisierte Rede von einer Geistleiblichkeit ist ein beredtes Zeugnis. Gesucht wird, will man radikal anders ansetzen, eine Anthropologie, die die „Menschspaltung“[84], also die von Barth ausgemachte und bearbeitete Zerrissenheit gar nicht erst zum Ausgangspunkt nimmt. Der Kieler Phänomenologe Hermann Schmitz unterbreitet dazu inzwischen einen interessanten Vorschlag, man darf aber auch nachdrücklich an die extrem leibfreundliche Anthropologie des Alten Testaments erinnern, die beim frühen Barth zu wenig im Fokus steht.[85]

Schließlich: Das sprachliche Menü, das Karl Barth präsentiert, ist oft verstörend: „Geist ist Kampf, Übermacht, Sieg und Diktatur [sic!] in Einem.“

(Röm II, 266) Oder: „Und gewiß ist Freiheit der Sinn des hier geforderten Lebensversuchs: die von Christus gebrachte [...] Freiheit in der *Gefangenschaft* Gottes." (Röm II, 489; Hervorhebung K.H.) Aber ebenso gilt: „Die Wahrheit lässt nicht mit sich spaßen, und die Wahrheit ist das Ende aller Tragik." (Röm II, 270) Die Gehorsamslyrik verdankt sich der barthschen Grundüberzeugung: Souverän ist allein Gott und nur die Rückkehr zum Ursprung garantiert uns eine Gotteskindschaft und *„Nicht-Zweiheit"*. (Röm II,305) Ist diese radikale Theonomiegläubigkeit wirklich der einzige Weg, Theologie als Antwort auf lebensweltliche Krisen neu zu begründen? Garantiert nur eine prophetische Theologie eine gottgemäße Identität?

Der Kampf gegen die Religion

Der Genosse General

Stilistisch kaum ausgenüchtert, macht sich Karl Barth ab 1924 in Göttingen an seine erste Dogmatikvorlesung: *Unterricht in der christlichen Religion*. Die Gegner sind die gleichen. Und der Vatermord geht in die nächste Runde. Der Vorwurf lautet: Spätestens ab dem 18. Jahrhundert war die Theologie überhitzt: Man stürzte sich „von allen Seiten immer eifriger ausgerechnet auf den *Menschen* Jesus von Nazareth als solchen, auf den Heros, die religiöse Persönlichkeit, sein inneres Leben, sofern es uns anschaulich wird [...], um ausgerechnet hier: in dem lehrenden, liebenden, leidenden Jesus als solchen [...], aber jedenfalls in dem *Lebenden*, nicht in dem Gekreuzigten und Auferstandenen wie Paulus und die Reformatoren, die Offenbarung zu suchen. Zinzendorf mit seinem oft wiederholten, aber nach Form und Inhalt doch etwas fragwürdigen Ausruf: ‚Ich habe nur *eine* Passion und die ist er, nur er!' und die Christologie Schleiermachers sind hier wirklich nur die Exponenten einer und derselben Mißentwicklung. Denn man sollte sich nicht darüber täuschen: die scheinbar so löbliche Entwicklung der neueren Dogmatik zum immer hitziger Christozentrischen bei gleichzeitig immer abnehmendem Verständnis für den Begriff der Offenbarung überhaupt hat etwas *mehr* als Verdächtiges. [...] Die Dogmatik und die ihr folgende Predigt wird es m.E. wieder wagen müssen, etwas weniger christozentrisch und dafür etwas sachlicher und männlicher zu werden."[86] Schleiermacher, ohne ihn zu nennen, sein ewiger Gegner, an dem er sich täglich misst und streckt, aber auch seine Lehrer von Harnack und Herrmann denunziert Barth als Memmen, die überhitzt Theologie betreiben: Schleiermacher und die liberalen Väter als Wechseljahre-Theologen, die von Hitzewellen heimgesucht werden! Ein großartig zwiespältiges Bild. So porträtiert er sich und seine Bewegung: als wagemutig, als todesmutig sogar, und man spürt den Ehrgeiz, Gottes Genosse General zu werden. Und seine bald auftauchende Vollzeitmitarbeiterin und Geliebte Lollo von Kirschbaum bildet Karl Barth aus als Gottes Generalsekretärin. Fromme Erregung à la Schleiermacher und Herrmann ist übler Psychologismus und weibisch. Der Antipsychologismus seines Lehrers Cohen greift hier Raum.

Die drei Bände *Unterricht in der christlichen Religion*, der erste Teil erscheint 1927 überarbeitet als *Christliche Dogmatik im Entwurf*,[87] geben Einblick in die sprunghafte Entwicklung[88] im Denken Karl Barths, denn wenn er im abgedruckten Zitat die Christozentriker noch basht, dann setzt sich bereits im dritten Teil immer stärker eine neukonzipierte, mächtig abgekühlte Christozentrik von oben durch. Im ersten Teil der frühen Dogmatikvorlesung liegt der Fokus wie im Römerbriefkommentar noch stärker auf dem Heiligen Geist. Innerhalb eines Jahres verschiebt sich der Fokus weg von der Pneumatologie hin zur Christologie und Christozentrik.[89]

Karl Barth ist als Praktiker gestartet, der sich lebenslang der Frage widmet, wie man predigen soll, bitte schön. „Man kann Theologie treiben als interessierter, wohlwollend oder mißfällig beteiligter, aber jedenfalls objektiv ein Objekt studierender *Betrachter* der Religion im Allgemeinen und des Christentums im Besonderen [...]. Man kann zweitens Theologie treiben als *Praktikus.*" (Unterricht I, 6) Barth schickt ganz entschieden den Beobachter in Rente.

Die Römerbriefkommentare lebten von der Sprachkraft, feierten vielwortig den Aktualismus der Offenbarung. Auf die Dauer ließ sich so nicht inhaltsgesättigt predigen. Im Sommersemester 1922 hält Karl Barth eine Vorlesung über Calvin, im Wintersemester 1922/ 1923 über Zwingli, im Sommersemester 1923 über die reformierten Bekenntnisschriften. Offenbar haben diese Vorlesungen – aber auch der Austausch mit Eduard Thurneysen – ihn dazu bewegt, den Aktualismus der Offenbarung durch dogmatische Formensprache zu kanalisieren, ohne in das alte Modell einer dogmatischen Theologie zurückzufallen. Die Kehre bleibt, deshalb schärft Barth immer wieder ein: *Deus dixit,* eine Formel, die er bei dem holländischen Theologen und Neocalvinisten Hermann Bavinck[90] (Unterricht I, 18) aufgelesen hat. Prompt fängt seine erste Dogmatikvorlesung mit folgender Definition an: *„Das Problem der Dogmatik ist die wissenschaftliche Besinnung auf das Wort Gottes, das, in der Offenbarung von Gott gesprochen, in der heiligen Schrift von Propheten und*

Karl Barth (links) und Martin Niemöller (rechts) um 1947

Aposteln wiedergegeben, in der christlichen Predigt heute zur Aussprache und zum Gehör gebracht wird …" (Unterricht I, 3) Hier taucht die Idee einer dreifachen Gestalt des Wortes Gottes auf, die Barth als drei Formen von Anreden deutet: „*Drei* Anreden Gottes, in der Offenbarung, in der Schrift, in der Predigt" (Unterricht I, 19, vgl. 46), als Reden Gottes, als Zeugnis, als gegenwärtige Anrede. Auch für die Predigt gilt: „‚Deus dixit', das [ist, K.H.] die Quelle der Predigt." (Unterricht I, 86)

Dieses „Deus dixit" markiert die Neuformatierung des Theologieverständnisses. Mit seinen liberalen Vorgängern betont Barth durchaus den Wissenschaftscharakter der Theologie: „Ich selbst würde Wissenschaftlichkeit definieren als *Sachlichkeit*, genaueste Anpassung des Erkennens und der Erkenntnisse an die Eigenart ihres Gegenstandes." (Unterricht I, 10) Aber sein Gegenstand ist definitiv nicht die Religion oder das religiöse Bewusstsein, „die kopernikanische Umkehrung vom göttlichen zum menschlichen Subjekt" (Unterricht I, 13) macht Barth nicht mit, sondern er vollzieht eine ptolemäische Umkehrung: „‚Deus dixit', das heißt: in der Theologie „ist offenbar *Gott* und nicht der Mensch das Subjekt." (Unterricht I, 13) Dogmen definiert er entsprechend als „im Worte Gottes begründete und aus ihm sich notwendig ergebende Gesichtspunkte und Grundsätze". (Unterricht I, 16) Diese Gesichtspunkte und Grundsätze sind freilich keine Selbstläufer, sondern müssen immer wieder kritisch geprüft werden. Dogma und Dogmatik setzen „Grenzpfähle" und verankern „Schiffahrtstonnen", „wollen feststellen, was geht und nicht geht, was man sagen und nicht sagen darf, wenn das Sagen eine christliche Predigt sein soll". (Unterricht I, 23)

Aus dem politischen Leben wählt Barth ein einprägsames, aber auch verstörendes Bild, um sein Verständnis von Wissenschaft plausibel zu machen. „Dogma und Dogmatik repräsentieren [...] nicht die Legislative (das ist das Wort Gottes), auch nicht die Exekutive (das ist als Trägerin des Kerygmas die Kirche), sondern die durch die Legislative gewählte höchste *juristische* Behörde." (Unterricht I, 23) Seinen Studenten empfiehlt Barth das Studium der mittelalterlichen und der reformatorischen Dogmatiken sowie ein Studium der Sammelwerke zur lutherischen und reformierten Orthodoxie. Buchdicke Prolegomena zur Theologie sind nur deshalb nötig, weil der durch die Theologie spätestens ab dem 18. Jahrhundert verschüttete Zugang zum *Deus dixit* erneut freigelegt werden muss, nur so gelingt es, „mit dem Anfang an(zu)fangen". (Unterricht I, 246)

Der Rückgang auf vertraute dogmatische Formensprache dient auch dazu, den drohenden Subjektivismus, von dem der Römerbrief noch umstellt war, einzuhegen, denn in seinen Vorlesungen versichert er seinen Studenten immer wieder, dass er „hier nicht eine Privatansicht vortrage". (Unterricht I, 180) Die Kosten für die Umstellung sind hoch, denn im Denken von Barth zieht jetzt verstärkt ein doktrinaler, ein lehrhafter Zug ein, der auf Eindeutigkeit durch die juristische Behörde zielt. Deshalb auch versteht Karl Barth sich als hoher juristischer Beamter, der gültige Urteile fällt, bitte schön. Attraktiv ist das angebotene

Bild der Selbstdeutung für mich nicht: der Theologe als Prophet und Richter gleichermaßen.

Importe aus anderen Wissenschaften werden bei Barth stark relativiert, zwar nennt er sich selbst unverblümt „einen Nachzügler platonisch-kantischen Denkens“ (Unterricht I, 316), aber Ziel ist die „Identifikation zwischen mir und dem Autor, dem Autor und mir“ (Unterricht I, 318), dies aber gelingt nur, wenn man sich der „Autorität“ der Schrift (Unterricht I, 304) unterstellt. Allein mit diesem Gestus verleiht Barth den Theologen und damit den Pfarrern[91] ein ganz neues Selbstbewusstsein. Man ist wieder wer. Auch wenn man nicht *summa cum laude* in Religionsphilosophie promoviert worden ist.

Überraschend für Kenner des reifen Barth ist in dieser frühen Vorlesung der Versuch, einen nur mühsam kaschierten anthropologischen Anknüpfungspunkt für das *deus dixit* zu präsentieren. Karl Barth entdeckt ihn in der Fraglichkeit des Menschen. „Man darf nicht den Versuch machen, die Frage im Menschen tot zu machen, ihm zu helfen, sie zu erledigen. Ich könnte das einfach damit begründen, daß ich sage: es geht nicht, es wird nicht gelingen. Der Zwiespalt, das Gefangensein, die Frage des Menschen ist nach wie vor da, auch wenn wir noch so trefflich geantwortet, getröstet, überzeugt, versichert hätten. [...] Aber ich möchte lieber auch hier prinzipiell sagen: die Frage *darf* nicht tot gemacht werden, im Gegenteil: sie muß geweckt und wach erhalten werden. Alle Antworten, die wir geben können, müssen in der Absicht gegeben werden, den Menschen erst recht wieder in die *Frage* seines Daseins hineinzustellen, die er vielleicht, wahrscheinlich, sicher soeben wieder einmal vergessen hat." Nur „wer ganz Frage, die rechte, radikale Frage ist", vernimmt „Antwort". (Unterricht I, 104)

Zu diesem Zeitpunkt erinnert Barths Position an den von Brunner nur wenige Jahre später unterbreiteten Vorschlag, Aufgabe der Theologie sei die Eristik, der dialogische Streit, der dahin führen müsse, dass Menschen ihre Frage nach Gott besser verstehen lernen. Eine durchaus ähnliche Position vertritt Karl Barth auch noch in seiner ersten publizierten Teil-Dogmatik *Die christliche Dogmatik im Entwurf*,[92] in der *KD* wird dieser Zugang sehr grundsätzlich versperrt, weil Barth jetzt jeden anthropologischen Anknüpfungspunkt radikal abwehrt: Wer einen anthropologischen Anknüpfungspunkt vertritt, betreibt Religion und Religion ist Selbstermächtigung und damit Sünde. Diese Verschärfung und Radikalisierung nötigt Barth, ermuntert durch viele Gespräche namentlich mit Lollo von Kirschbaum, Eduard Thurneysen, Heinrich Scholz, mit der *Kirchlichen Dogmatik* sein Vorhaben nochmals von vorne zu beginnen.

Die zwischenzeitlichen Invektiven gegen seinen Kollegen Emil Brunner, mit dem er augenfällig lange durchaus vergleichbare Positionen vertritt, sind bekannt. *Nein!*[93] Barths Urteil ist eindeutig: Durch den Sündenfall ist der Ebenbildcharakter des Menschen (Gen 1,26) grundsätzlich ruiniert worden. Brunners Versuch, die Ruinierung des Ebenbildcharakters auf die materiale Dimension der Ebenbildlichkeit zu beschränken, sie formal aber als intakt auszugeben, weil Menschen wortfähig, fragfähig und verantwortlich bleiben,[94] wird von Barth nahezu wütend bestritten.[95]

Und die Sünde lauert überall. Barths Sündenverbiesterung ist total. Das verführt ihn auch zu einer zum Teil verqueren Weltsicht. „Weltgeschichte, Kunst- und Wissenschafts- und Wirtschaftsgeschichte [sind, K.H.] fast auf der ganzen Linie *Männer*geschichte, die die einzelnen Zeiten und Kulturen charakterisierenden, prägenden Taten *Männer*taten."[96] Ein Satz wie ein Donnerhall aus Karl Barths *Die christliche Dogmatik im Entwurf*, der den berüchtigten Satz des Historikers Heinrich von Treitschke: „Männer machen Geschichte" von 1879 zu verteidigen scheint. Barth definiert den Mann volltönend als den Handelnden. Es heißt sogar: „der gewöhnliche Mensch bekommt seinen Namen, seinen Stand, sein Recht, seinen Ort in der Geschichte, seinen Charakter als diese und diese wirkliche Person, als *ein* Individuum nicht bloß, sondern als *dieses* wirkliche Individuum von seinem *Vater*."[97]

Um die verstörende Pointe – auch im Umgang mit dem Treitschke-Zitat – zu verstehen, muss man erinnern, dass für Karl Barth die Weltgeschichte nur die Nachgeschichte des Sündenfalls ist. In dieser exegetischen Frage ist Barth ganz entschieden: Das irdische Regime ist ein Regime mit bereits abgelaufenem Verfallsdatum. Wenn also Karl Barth den Mann als Handelnden beschreibt, dann heißt das: Es ist der Mann nach dem Sündenfall, der Nachfahre von Adam, durch den die Sünde in die Welt kam. Bei Licht betrachtet, ist also die Auszeichnung des Mannes als Handelnder zwiespältig, denn die oft desaströse Weltgeschichte geht auf seine Rechnung, auf Rechnung des sündigen Mannes, die Frau wird von diesem Desaster ausgenommen. Ein Täterprofil für die Verbrechen in der Weltgeschichte kann es nur vom Mann geben. Die Herrschaft des Mannes über die Frau ist, so Karl Barth, eine Bestrafung für den begangenen Sündenfall, die zu unterschiedlichen Lasten beider Parteien führt.

Es entbehrt nicht der Komik zu verfolgen, wie Karl Barth sich gezwungen sieht, die Idee von einem Neuanfang durch einen zweiten Adam, sprich Jesus Christus, nur plausibilisieren zu können, wenn er die Rede von der Jungfrauengeburt wörtlich nimmt. Hatte Karl Barths Vater als Neutestamentler und Kirchenhistoriker noch öffentlich Zweifel am Topos der Jungfrauengeburt vorgetragen, dann macht der Sohn den *Rollback*. Ein Vatermord im Kleinen. Josef wird von Karl Barth zwischenzeitlich in Rente geschickt, weil Jesus andernfalls von Josef her seine menschliche Identität erhalten hätte! Die Mitarbeit des sündigen Mannes muss verhindert werden, andernfalls ist auch Jesus mit der Sünde befleckt. Josef wird also dazu verdonnert, in der Zeugungsnacht draußen Quartier zu nehmen, weil Barth nur so den souveränen, machthungrigen Mann von der Mitarbeit am zweiten Anfang ausschließen kann. Weil der Mann für die anfängliche Sünde an erster Stelle verantwortlich zeichnet, wird er, damit das Heil Einzug in die Welt halten kann, aus dem Spiel genommen. Die Jungfrauengeburt ist für Barth das Gegenbild für die durch den Sündenfall inthronisierte schlechte Männerherrschaft. Weil sich in der Zeugungskraft des Mannes die Sündhaftigkeit des wollenden, souveränen Mannes zeigt, muss also das Geschlechtsleben ausgeschaltet werden. Als Frau ist Maria „der nicht geniale, nicht schöpferische, nicht geschichtsmächtige Mensch" und deshalb „*die* Möglichkeit des Menschen für die Wirklichkeit des Wortes Gottes".[98] Das ist innerhalb der Prämissen durchaus konsequent gedacht, aber diese Theologie spielt kokett mit alten Bildwelten.

Die Sorge um den Wissenschaftsstatus des eigenen Ansatzes treibt Barth um, auch deshalb, weil er durch seinen Freund Heinrich Scholz herausgefordert wird. 1931 erscheint seine Studie: *Fides quaerens intellectum*[99] – Glaube, der nach Einsicht sucht. Es ist ein seltsames Buch. Beinahe allen Schriften von Karl Barth sieht man die Anstrengung nicht an, dieses Buch schwitzt stark. Barth schwankt zwischen einer Selbstvergewisserung im Gespräch mit einem Vordenker und einer genialen Vaterzeugung. Bereits in der Vorlesung *Unterricht in der christlichen Religion* taucht Anselm auf: „(I)n Analogie zu dem Verfahren des Anselm von Canterbury [...] kann [man, K.H.] das Problem der Möglichkeit der Offenbarung ernsthaft nur aufwerfen und behandeln wissend um ihre *Wirklichkeit*, man kann sie grundsätzlich nur aposteriori konstruieren. Alles Nachdenken darüber, wie Gott sich offenbaren *kann*, ist wirklich nur ein Nach-Denken der Tatsache, daß Gott sich offenbart *hat*. Das *Faktum* der Offenbarung in seiner ganzen Unerhörtheit ist vorausgesetzt im Alten und Neuen Testament, wie überall, wo ernsthaft nach seiner Möglichkeit gefragt wird." (Unterricht I, 185f.)

Barth sucht nach Denkmöglichkeiten, um eine Selbstgewissheit von oben, ausgehend vom Glauben zu plausibilisieren, und findet die Antwort bei Anselm. Er wirft, und das finde ich zunächst einen attraktiven Gedanken, allen Vertretern einer natürlichen Theologie vor, sie könnten nichts Neues denken: „Es soll nichts Neues in den Menschen hinein." (Unterricht I, 332) Im Anselm-Buch heißt es prompt: „Glaube kommt nach Anselm nicht zustande ohne ein dem Menschen von außen begegnendes und widerfahrenes Neues ..."[100] Das *deus dixit* ist das Neue, und wenn der Theologe nach Einsicht strebt, dann weist Barth nachdrücklich darauf hin, dass Anselm um die Gnade auch der Einsicht betet, denn nicht fällt die „entscheidende Mächtigkeit zum *intellectus fidei* [...] mit der Spontaneität der menschlichen Vernunft zusammen", vielmehr muss diese Mächtigkeit „je und je geschenkt werden".[101] Nachdrücklich betont Barth die Bedeutung des Gebets für Anselm – auch deshalb, weil er gegen „den angeblichen ‚Rationalismus' Anselms"[102] Sturm läuft.

Im Vorwort zu *KD I/1* denunziert er sprachgewaltig die vor allem in der katholischen Theologie beliebte *analogia entis* als „die Erfindung des Antichrist" (KD I/1, VIII). Barth plädiert deshalb – ausgehend von seiner Beschäftigung mit Anselm und im produktiven Rückgriff auf Röm 12,3 – dafür, von einer *analogia fidei seu relationis* zu reden: Nur in der „*analogia fidei* findet hier tatsächlich wieder Ähnlichkeit statt zwischen Gott und Mensch, zwischen himmlischer und irdischer Wirklichkeit. ‚An Christi Stelle sind wir Botschafter, indem Gott durch uns mahnt. Wir bitten an Christi Stelle: lasset euch mit Gott versöhnt sein!' (2. Kor. 5,20). Man könnte ruhig gerade in diesem Wort die ganze biblische Begründung des Schriftprinzips zusammengefaßt ausgesprochen finden." (KD I/2, 540) Zwar hat Karl Barth mit der Zuschreibung, dialektischer Theologe zu sein, zeitlebens seine liebe Mühe gehabt, die dialektische Bewegung bleibt gleichwohl in Kraft, weil Gott nicht in Aussagesätze eingefangen werden darf, das würde seine von Barth hochgeschätzte Souveränität verletzen: An die Stelle der Aussage tritt ein Sagen, das sich immer wieder selbst ins Wort fällt und nie zum Ende kommt. Die 9000 Seiten der *KD* sprechen für sich selbst. Ästhetische Redundanz ist Qualitätsmerkmal dieser Theologie. Wenn da nicht der Hang wäre, Vorsteher einer juristischen Behörde zu sein, der dann doch wieder entscheidet, was geht und nicht geht.

Anselms berühmter Gottesbeweis dient Barth dazu, Gottes Freiheit abzusichern. Die Namensformel Gottes: *aliquid quo nihil maius cogitari possit* = „etwas, über dem ein Größeres nicht gedacht werden kann", soll die Souveränität Gottes garantieren. Barth flirtet hier über die Bande gleichzeitig mit einer urreformierten Einsicht, dass das Unendliche niemals im Endlichen Platz findet, *finitum non capax infiniti,* Gott bleibt also immer auch draußen. Diese Denkfigur verwendet Barth in der Christologie, wenn er etwa behauptet, der Logos (Sohn) gehe nicht im Menschen Jesus vollständig ein, sondern bleibe immer auch frei, außerhalb, *extra*. In der dogmatischen Formensprache wird diese Spezialität der reformierten Theologie als *Extra-Calvinisticum*

(Unterricht I, 196) bestimmt. Anselm ist also für Barth ein Calvin avant la lettre. Das macht die Sache leider nicht besser, denn das *Extra-Calvinisticum* ist ein extremer Störfaktor, wenn es darum geht, Jesus als wahren Gott und wahren Menschen auszuweisen, weil das Menschsein Jesu nur „Hülle" der Offenbarung ist: „Sein *Mensch*sein ist die Hülle, die er anzieht, und damit auch das Mittel seiner Offenbarung." (KD I/2, 39) Hier droht immer ein *Doketismus*, also die Vorstellung, Christus habe einen Scheinleib gehabt.

Die zweite Idee, die Barth bei Anselm glaubt zu finden, ist eine „besondere Existenz Gottes"[103]. Gott ist Gegenstand, im harten Sinne des Wortes eine Realität und hat eine eigene Existenzweise – das behauptet Barth, indem er sehr gelenkig über die Schlagbäume springt, die Kant dem Denken in dieser Frage verortet hat. Diese Seiten des Textes sind spekulativ, oft nur blanke Beteuerung. Auf jeden Fall kräftig überhitzt! Hier hätte man sich Abkühlung gewünscht.

Im häufig diskutierten § 17 der *KD* rechnet Barth endgültig mit der natürlichen Theologie ab. Natürliche Theologie, also der Versuch vernunftmäßig etwas über Gott auszusagen, wird frontal angegangen, sogar gegen seinen geschätzten Paulus muss Barth antreten, der in Röm 1,19f.; 2,14f. (vgl. Acta 17) doch zugestanden hat, dass Menschen, die nicht an Jesus Christus glauben, qua Vernunft eine Gotteserkenntnis erlangen können. Jetzt fallen klare Sätze. Mit dem Lutheraner Johann Franz Buddeus (1667–1729) und dem Reformierten Salomon van Til (1643–1713) beginne die fatale Kehre, die „Offenbarung von der Religion her"

(KD I/2, 309) zu deuten. Dagegen schärft Barth ein: „Offenbarung ist souveränes Handeln Gottes am Menschen oder sie ist nicht Offenbarung." (KD I/2, 322) „Der im Licht der Offenbarung sichtbar werdende Mensch und *nur* er ist der theologisch ernst zu nehmende Mensch." (KD I/2, 323) „Religion ist eine Angelegenheit, man muß geradezu sagen: *die* Angelegenheit des *gottlosen* Menschen." (KD I/2, 327) „Die Offenbarung ist Gottes Selbstdarbietung und Selbstdarstellung. [...] Sie sagt ihm [dem Menschen, K.H.] damit etwas schlechterdings Neues." (KD I/2, 328) „Die wahre Religion ist wie der gerechtfertigte Mensch ein Geschöpf der *Gnade.* [...] *(D)ie christliche Religion ist die wahre Religion.* [...] Widerspruch gegen die Gnade ist Unglaube, und Unglaube ist Sünde, *die* Sünde sogar." (KD I/2, 356f., 370)

Die ptolemäische Wende, die Barth mit Verve vollzieht, hat durchaus ihren Charme, aber meine Bedenken – nicht nur hinsichtlich der vorausgesetzten Realität Gottes – überwiegen. Da ist zunächst die Rede von den drei Gestalten des Wortes Gottes, hier der unanschauliche *Deus dixit,* dort die Heilige Schrift als Zeugnis und die Predigt als Zeugnis zweiter Ordnung. Für einen gelernten Hermeneutiker ist dieses Jenseits zum Text eine nachtschwarze Kuh. Ein Zugang zur Mündlichkeit bleibt uns verschlossen. Auch die beste Dialektik wirkt hier seltsam atemlos und irrlichternd. Fraglich auch, ob die Rede vom Zeugnischarakter der Bibel angemessen ist, denn Barth orientiert sich neutestamentlich vordringlich und engführend an den Aposteln als „Zeugen der Auferstehung". (Unterricht I, 181) Barth braucht

Karl Barth auf der Kirchlichen Hochschule in Wuppertal um 1947
© Lachmann/Fotoversand Sonnhild Mey

Jahrzehnte, um in späteren Teilen der *KD* auch die Gleichnisse Jesu goutieren zu lernen.

Der noch junge Barth und mit ihm viele seiner Follower unterschätzen die poetische Kraft der biblischen Texte. Alle Theologen, die auch nur entfernt in diese Richtung geschielt haben, wie etwa Herder, werden von Barth in die Schranken gewiesen. (Unterricht I, 251) Aber: Das Selbstverständnis eines Schriftstellers wie etwa Lukas ist mit der Arbeitsplatzbeschreibung *Zeugnisgeber* kräftig unterbestimmt. Allenfalls noch im Schulterschluss mit dem Kollegen Martin Kähler könnte Barth die Evangelien als Passionsberichte mit längerer Einleitung, auf die man notfalls verzichten könnte, missverstehen. Barth hat – wie gesehen – bereits Paulus sehr zu Unrecht die Zeugungspotenz bestritten. An diesem Modell der Entmächtigung und Depotenzierung hält er unbeirrt fest. Gegen Barth formuliert: Angemessener scheint es mir, die Qualität der Texte darin zu sehen, dass namentlich die großen Narrationen des Ersten und Zweiten Testaments *religiöse Erfahrung inszenieren*. Das ist entschieden mehr (und anderes) als die Rede von Zeugenschaft. Hermeneutik muss deshalb in einer doppelten Haushaltung die Kniffe der Produktionsästhetik und der Rezeptionsästhetik untersuchen. Dann ist man freilich ein liberaler Theologe zweiter Ordnung. Entsprechend müsste eine Predigtlehre, eine Homiletik, „Textinszenierung" unterrichten.[104]

Ganz anders Barth: Karl Barth nennt sich selbst einen Biblizisten zweiten Grades, er versteht darunter ein „Formprinzip", eine „biblische Haltung": „Die biblische Haltung, d.h. die Haltung der Propheten und Apostel, ist die Haltung von *Zeugen*, die Haltung, die ihre Schriften in den Kanon gebracht, ihren Text heilig gemacht hat, die Haltung – nicht von Beobachtern, nicht von Referenten, nicht von Denkern, sondern von Menschen, die von einer absolut gegebenen Voraussetzung, dem ‚Deus dixit' herkommen. [...] Diese Haltung ist für die Dogmatik maßgebend; sie ist ihr erstes, immer wieder zu bedenkendes, auf der ganzen Linie anzuwendendes Formprinzip." (Unterricht I, 349) Diese Haltung unterschätzt die Kraft der biblischen Narrative.

Aber auch das gilt: Barth betont immer wieder die Bedeutung des Kanons, in der die Kirche „ihren Marschbefehl, ihre Arbeitsanweisung erkannte. Sie fühlte sich durch das Vorhandensein *dieser* Literatur [...] verpflichtet zur Heeresnachfolge." (Unterricht I, 63) Und Barth ist ihr General. Mit einer kleinen Gemeinheit gegen die Lutheraner gesagt: In den reformierten Kirchen erzwingt sich mit „fast unheimlicher Dynamik hier das alte Buch – viel ausgeprägter als in der lutherischen Reformation bekanntlich das Buch als solches –, die *ganze* Bibel, nicht bloß eine bestimmte Wahrheit in der Bibel wie bei Luther." (Unterricht I, 64) Zumindest in diesem Punkt ist eine Diskussion mit Barth nötig und weiterführend: Gegen die Zerstücklungsartistik der historisch-kritischen Forschung setzt Barth auf den Kanon, also auf die vorliegende Gestalt der Bibel. Nicht ganz zu Unrecht rechnet sich Brevard Childs mit seinem *canonical approach* zu den Schülern Karl Barths.[105]

Potential hat auch eine andere Grundentscheidung, die Barth fällt. Barth sperrt sich gegen alle Versuche, biblische Sprache und dogmatische Formeln gewaltsam gegenwartstauglich zu machen. Solche Modelle werden von Barths Kollegen unter den Stichwörtern Entmythologisierung (Bultmann) und Umformung (Hirsch) vorgestellt. Barth verrechnet diese Versuche unter dem Stichwort Apologie. Er ist ein ausgemachter Hasser jeder Form einer apologetischen Theologie. „Wer als Sockel seiner Dogmatik eine *Apologetik* aufrichtet, der macht und beweist [...], daß die Inhalte seiner eigentlichen Dogmatik wenn auch nicht im Einzelnen, so doch als Ganzes der Rechtfertigung vor einem anderswie begründeten Denken fähig und bedürftig seien.“ (Unterricht I, 161) Karl Barth will deshalb „nochmals mit dem Anfang anfangen“ und er glaubt mit der dogmatischen Formensprache, die man in seinem Sinne durchaus neu gewichten kann, gut bedient zu sein. Ich hege große Zweifel, weil bei Barth, trotz seiner oft ingeniösen Bearbeitung, eine Doktrinalisierung Einzug hält, die nach reiner, geschichtsinvarianter Wahrheit schielt. Ein Prophet kann in Wahrheitsfragen nicht tolerant sein.

Schließlich: An Barths Sündenfuror kann man die Problematik seiner Exegese schnell deutlich machen: Barths Sündenverbiesterung ist in den frühen Schriften total und im schlechten Sinne revolutionär. Inzwischen hat es im Fach Altes Testament echte Revolutionen gegeben, kein Alttestamentler von Rang deutet heute die Paradiesgeschichte als Sündenfallgeschichte. Von Sünde ist erst in der Kain und Abel-Erzählung die

Rede. Auch die Rede vom Ebenbild wird in der neuen Exegese[106] ganz anders gewichtet, die Debatte zwischen Brunner und Barth ist in jeder Hinsicht überholt. Barth ist ein Opfer seiner eigenen Radikalität. Weil er die natürliche Theologie in Bausch und Bogen ablehnt und im Gegenzug die Freiheit Gottes absolut setzt, gerät dieser unanschauliche, stets geheimnisvolle Gott selbst in die Nähe einer sündhaften In-sich-Verkrümmung. Treffend schreibt Jörg Dierken: „Der Barthsche Gott braucht den Menschen nicht; er ‚genügt sich selber' und ist ‚in sich selbst selig' (KD IV/2, 386). In dieser Figur verschränken sich paradoxerweise die für den Gottesgedanken klassische Vorstellung von der göttlichen Aseität [Gott hat sein Sein aus sich selbst, K.H.] mit der für den Sündengedanken maßgeblichen puren Selbstbezogenheit."[107] Die In-sich-Verkrümmung Gottes wird, wie Barth beteuert, nur deshalb verhindert, weil Gott in seiner Freiheit den Bund mit den Menschen will. Hier droht prompt ein anderes Problem. Der Liebe Gottes kann der Mensch letztlich nicht entkommen. Er kann nur Gehorsam leisten, und bitte schön: gerne! Und: fröhlich!

Die Erwählungslehre der KD

Der Bundesgenosse

„Ob unsere These von der Erwählung Jesu Christi als der Substanz des Praedestinationsdogmas nun nicht auch wieder eine Willkür, ein Übergriff sein möchte? Gerade das, daß mit dieser These jenes doppelte Dunkel beseitigt, daß aus dem unbekannten Gott und dem unbekannten Menschen nach dieser These eine einzige bekannte Gestalt wird, daß sie miteinander einen Namen, den Namen einer Person bekommen, so daß wir wissen, vor wem und vor was wir hier zu schweigen, anzubeten und uns zu demütigen haben – gerade das bedeutet (im Rückblick auf die Geschichte des Praedestinationsdogmas gesehen) eine so unheimliche Erleuchtung, daß man sich wohl fragen muss, ob es damit mit rechten Dingen zugehe, ob wir uns dabei nicht etwas nehmen, was uns nun doch nicht zukommt. Woher wissen wir das, daß Jesus Christus der erwählende Gott und der erwählte Mensch ist, so daß alles, was über dieses Geheimnis weiter zu sagen ist, auf diesen Nenner zu stehen kommen muß?" (KD II/2, 159f.)

In einer etwas verkrampften Haltung feiert Karl Barth seine Erleuchtung, an anderen Stellen, vor allem *KD II/2, 51 u.ö.*, steht er gerade. Er hat also bereits beim Schreiben gewusst, dass in diesem Teil seines *opus magnum* ein entscheidender Geländegewinn gelingt, denn er ist der erste Dogmatiker, der „die Erwählungslehre als einen integrierenden Bestandteil der Gotteslehre" (KD II/2, 85) präsentiert. Die Diktatsätze am Anfang des § 32 machen die Neuerung unzweideutig klar: *„Die Erwählungslehre ist die Summe des Evangeliums, weil dies das Beste ist, was je gesagt und gehört werden kann: daß Gott den Menschen wählt und also auch für ihn der in Freiheit Liebende ist. Sie ist in der Erkenntnis Jesu Christi begründet, weil dieser der erwählende Gott und der erwählte Mensch in Einem ist. Sie gehört darum zur Lehre von Gott, weil Gott, indem er den Menschen wählt, nicht nur über diesen, sondern in ursprünglicher Weise über sich selbst bestimmt. Ihre Funktion besteht in der grundlegenden Bezeugung der ewigen, freien und beständigen Gnade als des Anfanges aller Wege und Werke Gottes."* (KD II/2, 1) In auffällig vielen *petit* gesetzten Exkursen plündert er den von Charlotte von Kirschbaum betreuten Zettelkasten, um die Umwertung auch gegen den Übervater Calvin und die ganze Tradition plausibel zu machen.

Als Leser vom ersten Teil der Gotteslehre in *KD II/1* herkommend, ist man zunächst überrascht, weil in jenem ersten Teil, wie Barth zugibt, Gottes *„Für sich sein"* (KD II/2, 5) milde gewaltsam thematisiert wurde, jetzt, im zweiten Teil, rückt die Zuwendung Gottes zum Menschen stärker in den Fokus, die unter dem Stichwort der Erwählung oder Gnadenwahl verhandelt wird. Diese Aufteilung, also die häufige Abschattung der Zuwendung im ersten Teil, wirkt im Blick zurück eher unglücklich und wenig überzeugend. Erst im zweiten Band ist Barth strategisch auf dem Höhepunkt. Hinsichtlich der Erwählung ist er sogar bereit, die Dialektik pausieren zu lassen: „Die Gnadenwahl ist das ganze Evangelium, das Evangelium *in nuce*. Sie ist der Inbegriff aller guten Nachricht. [...] Sie ist Evangelium: *gute* Nachricht, erfreuliche, aufrichtende, tröstende, hilfreiche Botschaft. [...] Sie ist ursprünglich und letztlich gerade nicht dialektisch, sondern undialektisch. Sie verkündigt nicht im gleichen Atemzug Gutes und Böses, Hilfe und Vernichtung, Leben und Tod." (KD II/2, 13, 11, 12)

Das ist ein Coup. Hatte Calvin hinsichtlich der Erwählungslehre noch vom *decretum horribile* gesprochen, von einem schrecklichen Beschluss, weil Gott in seiner Allmacht Menschen bereits vor ihrer Geburt erwählen und verwerfen kann, dann codiert Barth diese Lehre sehr grundsätzlich um: Es ist eine frohe Botschaft, Evangelium im Wortsinn.

Diese Entängstigung eines die Kirchengeschichte durchschüttelnden (reformierten) Dogmas der doppelten Prädestination, also: der Erwählung oder der Verwerfung jedes einzelnen Menschen, gelingt Barth, indem er dem souveränen, freien Gott – daran rüttelt Barth nicht – Liebe als zentrale Eigenschaft, besser: Liebe als inneren Kern aller göttlichen Eigenschaften zuweist. Jetzt taucht ein Begriff im Text auf, der für eine eigentümliche atmosphärische Qualität steht: Barth sucht den *konkreten* Gott und dann auch den *konkreten* Menschen, nicht einen abstrakt wählenden Gott und nicht abstrakt erwählte Menschen, denn dann könnte Gott ein Tyrann sein, der sich nicht ernsthaft einlässt, sondern nach Laune entscheidet.

Karl Barth und Charlotte von Kirschbaum, undatiert,

„Es ist immer ein ungebundenes Denken, das einen solchen ‚Gott im Allgemeinen' zu konstruieren unternimmt […]: der wirkliche Gott ist der, dessen Freiheit und dessen Liebe eine *abstrakte* Absolutheit, eine *nackte* Souveränität völlig fremd ist, der sich vielmehr in seiner Freiheit und in seiner Liebe bestimmt und gebunden hat …" (KD II/2, 52)

Gott ist in der Deutung Barths, die er biblisch abgelauscht haben will, der jeweils konkret anredende und sich so bindende Gott. Wenn „die heilige Schrift von Gott redet, dann sammelt sie unsere Blicke und Gedanken auf einen einzigen Punkt und auf das, was an diesem Punkt zu erkennen ist. Hier ist aber schlicht der zu erkennen, der die Erzväter und den Mose, der die Propheten und nachher die Apostel in der ersten Person Singularis angeredet" hat. (KD II/2, 56)

Barth wird nicht müde zu betonen: Gott ist ein „lebendige(r) Gott" (KD II/2, 84), Gott ist, wie er mit dem aus Bremen stammenden Theologen Johannes Coccejus (eigentlich: Johannes Koch, 1603–1669) und damit in Übereinkunft und Weiterführung mit der „alten reformierten Dogmatik" (KD II/2, 122) sagt, „*der* erwählende Gott". (KD II/2, 123) Als würde Barth den ersten Teil seiner Gotteslehre milde revozieren, denunziert er jetzt Tendenzen der altprotestantischen Orthodoxie, „laut welcher Gott vor lauter Aseität, Einfachheit, Unveränderlichkeit, Unendlichkeit usw. eigentlich Alles, nur kein lebendiger, nämlich kein in konkreter Entscheidung lebendiger Gott sein durfte". (KD II/2, 85) Barth präsentiert dagegen einen Gott, der sich bindet. Bereits an dieser Stelle im Text ist dieses Wort ein Signalwort, denn die Bindung erinnert sofort an die Bindung Isaaks, an die Opferung Isaaks, die dort gleichsam angekündigt und verschoben, dann später in Jesus Christus vollzogen wird.

In einem längeren Exkurs konkretisiert Barth seine Hermeneutik des Alten Testaments: Das Alte Testament ist ein Großnarrativ der Selbstbindung Gottes an ausgesonderte einzelne Gestalten. „(W)ir werden mit größter Bestimmtheit aus der Weite in die Enge geführt, und hier und also wiederum in der Besonderheit spielen sich die Dinge ab, die die Bibel vom Menschen zu berichten hat, um derentwillen sie sich für den Menschen interessiert und um derentwillen sie auch ihre Leser für den Menschen interessieren will." (KD II/2, 58) Deshalb ist nach dem Stammvater Adam zu nennen „Jakob-Israel als Ahnherr der 12 Stämme" (KD II/2, 59). Als Volk aber lebt Israel „doch wieder auf eine bestimmte einzelne Gestalt hin. Welches ist die Gestalt? Nimmt man das Alte Testament als Bericht von dieser Geschichte für sich, so muß die Antwort zweifellos zunächst lauten: es ist die Gestalt des Königs *David*." (KD II/2, 59)

Aber auch David ist nicht selber Ziel, sondern wird noch einmal übertrumpft durch seinen Sohn Salomo, der zwar durch die Errichtung des Tempels ein „regnum gloriae" aufrichtet, das allerdings nur von kurzer Dauer ist, denn er kann den „Abbau der geschichtlichen Existenz des Volkes" nicht aufhalten. Diese Periode endet mit Jojachin, der von Nebukadnezar geschlagen und ins Exil geführt wird. Bekanntlich geht die Geschichte weiter. Die nächste Periode startet mit

Serubbabel, nach biblischer Darstellung ein weiterer Davidide, der, ohne König zu sein, den Auftrag erhält, den zerstörten Tempel wieder aufzubauen. „Ist nicht gerade der Davidsohn Serubbabel das *deutlichste* Zeichen von allen, gerade weil und indem er nur noch Platzhalter des Königtums ist, ohne eigentliches Amt neben den Hohepriestern steht, ganz unpolitisch nur noch den Wiederaufbau des Tempels zu leiten hat? Bezeugt er nicht gerade damit hochpolitisch, was gewiß auch David und Salomo zu bezeugen hatten und doch als Inhaber direkter politischer Macht nur viel undeutlicher bezeugen konnten und was die politischen Machthaber des ihnen folgenden Davidstamms dann geradezu verleugnet haben: daß Gott selber (wörtlich und real) der König dieses Volkes ist"? (KD II/2, 61) Man ahnt die nichttragische Lösung des Geschehens: „Es kann nach allem Vorangegangenen nur Gott selber sein, der jetzt als Davidsohn den Thron einnimmt, um alle Verheißungen in einem Schlage wahr zu machen. Das Wort – dasselbe Wort, das Israel geschaffen und es als prophetischer Richter und Tröster begleitet und geleitet hat – dieses Wort selbst ward Fleisch, wurde selber Davids Sohn. Der Fall für sich, um deswillen es von Adam bis auf Serubbabel alle jenen vorläufigen Fälle für sich geben musste." (KD II/2, 61)

Diese so erzählte typologische Geschichte, die Barth als letztlich scheiternde Bildungsgeschichte des Volkes Israel entfaltet (KD II/2, 62), kann nur gelingen, wenn unzweideutig wird, dass Gott der Wählende ist. „Wie sehr Gott der Wählende ist in diesem Geschehen, das zeigt sich in der Merkwürdigkeit des Weges, auf welchem die Verheißung dauernd in Erfüllung geht, um dauernd neue Verheißung zu werden, bis die Erfüllung endlich in ihrer Eigentlichkeit dasteht, um nun gerade als solche die eigentliche, die unzweideutig offenbar gewordene Verheißung zu sein: es soll eben die Erfüllung, es soll der Sinn des ganzen Geschehens Gottes Wahl sein und bleiben." (KD II/2, 62)

Die hohe Denkanstrengung, die Barth freilich den Lesenden zumutet, besteht darin, die Gnadenwahl als ewigen „Anfang aller Wege und Werke Gottes in Jesus Christus" zu deuten, wie der Diktatsatz in § 33 zunächst einfordert. „Freie Gnade ist der alleinige Grund und Sinn aller Wege und Werke Gottes nach außen." (KD II/2, 102) Jesus Christus ist beides, der erwählende Gott und der erwählte Mensch. Eine Exegese der hochspekulativen Anfangszeilen des Johannesevangeliums soll diese Lesart abdecken. „Dies hebt ihn [Jesus Christus, K.H.] heraus aus der Reihe aller anderen Erwählten und eben dies – erst dies! – verbindet ihn auch wieder mit ihnen: daß er als erwählter *Mensch* der in seiner *eigenen* Menschheit sie Alle erwählende *Gott selber* ist." (KD II/2, 125) Barths Entängstigungscoup wird in folgendem Satz verdichtet: „(I)n der Erwählung Jesu Christi, die der ewige Wille Gottes ist, hat Gott *dem Menschen das Erste, die Erwählung,* die Seligkeit und das Leben, *sich selber aber das Zweite, die Verwerfung,* die Verdammnis und den Tod *zugedacht.*" (KD II/2, 177)

Die § 34 und § 35 unterteilen die Erwählungslehre weiter in die Erwählung der Gemeinde und in die Erwählung des Einzelnen, in dieser Reihenfolge, denn der Einzelne stößt auf das Angebot der Erwählung durch das Zeugnis der Gemeinde: Barth versteht die Erwählung des „‚Einzelnen' als das Telos der Erwählung der Gemeinde"[108]. (KD II/2, 341) Allerdings: Vor allem der § 34, der die „eine Gemeinde Gottes [...] in ihrer Gestalt als Israel der Darstellung des göttlichen *Gerichtes*" und in „ihrer Gestalt als Kirche der Darstellung des göttlichen *Erbarmens*" (KD II/2, 215) bestimmt, liest sich missvergnüglich. „Israel ist das *seiner Erwählung sich widersetzende* Volk der Juden; die Kirche ist die *auf Grund ihrer Erwählung berufene* Versammlung aus Juden und Heiden." (KD II/2, 219) Oder: „Der *besondere* Dienst, zu dem *Israel* innerhalb des Ganzen der erwählten Gemeinde bestimmt ist, besteht darin, der Spiegel des *Gerichts* zu sein, dem Gott den Menschen entrissen hat und das er in der Person des einen Jesus von Nazareth selber erleiden will." (KD II/2, 227 u.ö.) Oder: Israel muss „nun das Dasein einer halb ehrwürdigen, halb grausigen Reliquie, einer wunderlich konservierten Antiquität, der menschlichen Schrulle personifizieren." (KD II/2, 289) Oder: *„Extra ecclesiam nulla salus*! Der Satz gehört schon in die Praedestinations-, schon in die Gotteslehre." (KD II/2, 217) Erneut wird der Römerbrief aufgerufen und in sehr umfänglichen Neulektüren diese Überlegenheitsunterstellung der Kirche ausgebreitet. So wie Karl Barth 1942 das Verhältnis von Synagoge und Kirche bestimmt, wird ihm heute ernsthaft kaum jemand folgen. Das hermeneutische Modell von Verheißung und Erfüllung wirkt ebenfalls häufig schrullig.[109] Und das ist noch freundlich formuliert. Hier wird man nachfragen müssen.[110]

Karl Barth, ein in jeder Hinsicht streitfähiger Theologe, vollbringt mit der Erwählungslehre die Wiedereroberung einer beinahe vergessenen Urbedeutung von Evangelium: frohe Botschaft. Christliche Theologie ist in einem sehr grundsätzlichen Sinn eine Theorie der Entängstigung und der begründeten Hoffnung. Nicht nur gelingt es Barth, der reformierten Tradition ihren tiefen Schrecken zu nehmen, indem er die Lehre von der doppelten Prädestination radikal umcodiert und auf Jesus Christus konzentriert. Diese Lehre besäße auch Ausstrahlungskraft auf die Lehre von den letzten Dingen, auf die Eschatologie, aber Karl Barth hat diese Bände der *KD* aus Altersgründen nicht mehr schreiben können. Der niederländische Theologe Berkhouver hat treffend von einem „Triumph der Gnade"[111] gesprochen. Viele Exegeten haben deshalb eine „Tendenz zur futurisch-eschatologischen Apokatastasis panton, Allversöhnung oder Allerlösung"[112] in KD II/2 ausgemacht.

Diese Lehre von der Auferstehung aller Menschen hat Barth allerdings unter Vorbehalt gestellt: „Und es ist wieder Gottes Sache, welchem Ziel die (im Verhältnis zu der Unwürdigkeit aller Menschen) vielen oder (im Verhältnis zu der Vielzahl der Menschen) wenigen Grenzüberschreitungen dieser Art entgegenführen, welches der letzte Umfang jenes Kreises sein wird. Daß er sich mit der Menschenwelt als solcher (nach der Lehre von der sogen. ‚Apokatastasis') endlich und zuletzt decken müsse und werde, das ist ein Satz, den man unter der Respektierung der *Freiheit* der göttlichen Gnade nicht wagen kann." (KD II/2, 462, vgl. 529)

Dennoch gibt es Hinweise, dass Barth die Lehre von der Allerlösung favorisiert,[113] denn die Lehre von der Gnadenwahl färbt sein Weltbild heiter ein. Bestätigt fühlt er sich in dieser Deutung nicht nur durch Mozart, sondern auch durch einen zeitgenössischen Schriftsteller: Carl Zuckmayer. Barth hatte ihn als Leser seiner Autobiographie begeistert angeschrieben, es kommt zunächst zu einem Briefwechsel, später auch zu einem jeweils gegenseitigen Besuch. Bereits in seinem zweiten Brief legt Barth die *KD II/2* bei, also die Lehre von der Gnadenwahl. Zuckmayer antwortet auf den zweiten Brief im hohen Ton: „Nie hätte ich zu denken oder hoffen gewagt, daß meine Arbeiten, die oft mit einem gewissen Leichtsinn, oder wenigstens mit leichtem Sinn, geschrieben worden sind, zu einem Mann wie Sie sprechen könnten. Und Sie haben ganz recht, ich habe, wenn das so ist, es selbst kaum bemerkt, daß in der mir einfach ‚natürlichen' Art von Welt- und Schöpfer-Liebe (oder Barmherzigkeit, die ich für die selbstverständliche Empfindung und Aufgabe des Dichters halte) eine Art von priesterlicher Wirksamkeit enthalten ist. ‚Mephistopheles ist abwesend', schreiben Sie. Gerade das wird mir von anderen, besonders den ‚berufsmäßigen' Beurteilern, oft als Mangel vorgeworfen. Auch Freunde haben mich deswegen getadelt. Du hast, sagte mir eine sehr liebe, inzwischen verstorbene Freundin, nie einen bösen Menschen dargestellt, mit dem man nicht auch noch Mitleid haben könnte (den schlimmen Nazi im ‚Teufels General' sah sie, wohl mit Recht, garnicht als Menschen an, sondern als Funktionär, Funktion des Bösen), – und der Kampf gegen das

Böse, durch seine Fixierung und Anprangerung, ist doch, gerade in unserer Zeit, die Pflicht des Schriftstellers. Die Darstellung einer angeblich ‚heilen Welt' sei eine Verfälschung, da es sie nicht gibt. Ich antwortete ihr damals: ‚Wer kann beweisen, daß es Erlösung gibt? Aber wir müssen und dürfen sie erhoffen, glauben und lieben.' Ich halte den Ausdruck der Güte für eine stärkere Waffe im Kampf gegen ‚das Böse', Malum, als dessen Abschilderung, die ja niemals eine totale Absage ist, sondern von den Autoren häufig mit einer gewissen Lust, sogar Schwelgerei, vorgenommen wird. Um den bösen Dämon wissen, aber den guten an- und herbeirufen, scheint mir des Versuches wert. Ihre Worte, und die Begegnung mit Ihnen, bestärken mich darin."[114] Barth, der Vielleser, wählt aus den Schriftstellern Zuckmayer aus, weil er in seinem Werk ganz konkret an einzelnen Figuren den „Triumph der Gnade" kraftvoll dargestellt sieht. Damit wird zumindest einigen Schriftstellern zugestanden, das zu leisten, was auch die Kirche leistet, nämlich eine Darstellung des göttlichen Erbarmens und der Erwählung zu sein.[115]

Kräftig ins Stottern gerät die Lehre von der Gnadenwahl an anderer Stelle: Wenn es denn richtig ist, dass Geschichte grundsätzlich Geschichte nach dem Sündenfall ist,[116] dann haben auch die von Barth in seiner Kurzhermeneutik des Alten Testaments ausgesonderten Gestalten: Adam, Jakob, David, Salomo, Jojachin, Serubbabel, letztlich keine Chance auf einen Durchbruch, sie können allenfalls als Typus Christi „Vor- oder Nachbild" (KD II/2, 402) sein. Zwar betont Barth, es gehe in den Erzählungen um die „Bildung" (KD II/2, 62), aber die kann nur sehr begrenzt gelingen. Nicht ganz kann Barth den Eindruck tilgen, den er anderen Theologen vorhält, „das Verhältnis Gottes zu seinem Geschöpf“ sei „das eines Spielenden zu einem Spielzeug“. (KD II/2, 211) Wie auch an anderen Stellen in seinem riesigen Werk ist Barth ein Opfer seiner radikalen Deutung des Sündenfalls, die im vorliegenden Fall die Zuwendungsrhetorik fragwürdig macht: Auch die genannten Personen des Alten Testaments sind chancenlos, weil ein neuer Anfang offenbar von Anbeginn geplant war: die ominöse Mitte der Zeit. Das Personal ist bekannt: Maria und der Heilige Geist unter Umgehung des kaltgestellten Josef.

Nochmals: Der riesige Aufwand wird nur deshalb nötig, weil Barth an entscheidender Stelle exegetisch unsauber argumentiert. Namentlich die Geschichte von Kain und Abel zeigt einen Gott, der ernsthaft an einer Bildung von Kain interessiert ist und ihn auf die Fallstricke aufmerksam macht, wie es zur Sünde kommen kann. Karl Barth dagegen liest Kain als Beispiel für einen Verworfenen (KD II/2, 391)! Für die auch mit Emotionen spielende Geschichte ist der pathosängstliche Barth unsensibel. Erschwerend kommt hinzu: Barth spricht oft ganz ungeschützt von biblischen „Geschichtserzählungen“ (KD II/2, 393). Die aktuelle alttestamentliche Exegese hat diese Deutung längst hinterfragt: Wir haben es häufig mit fiktiven Narrationen zu tun. Damit wird der Sinn der Rede von konkreter Zuwendung fraglich. Es reicht völlig hin, diese fiktionalen Geschichten als weisheitliche Bildungsgeschichten zu lesen. Dann haben sie großen

Sinn. Und auch wenn Kain anders entscheidet, als Gott ihm vorschlägt, die Geschichte geht weiter, denn der als Coach scheiternde Gott lässt Kain nicht los, verpasst ihm ein Tattoo, das ihn vor Rache schützt. Dieser Gott unterscheidet also zwischen den Handlungen des Kain und seinem Personenkern oder seiner Personenwürde. Hier kommt bereits jene Differenz ins Spiel – die Unterscheidung von Handlungen und Personenwürde –, die später als Rechtfertigungslehre Karriere macht. Sie ist in dieser Geschichte bereits vorgeprägt.

Nachdenkenswert bleibt die Tendenz des barthschen Denkens hin zur Allversöhnung. Diese Theorie ringt allerdings stets mit einem anderen Problem. Gott „liebt die Gottlosen: nicht weil sie gottlos sind, nicht weil sie ihn loswerden wollen, aber weil er sie nicht loslassen will, weil sie ihn infolgedessen nicht wirklich loswerden können." (KD II/2, 351) Glaube definiert Barth ganz im Sinne Calvins als Annahme der Erwählung (KD II/2, 354, 359), aber auch wenn der Glaube ausfällt, entkommt der Ungläubige Gott nicht. Die Autonomie des Menschen wird nicht ganz ernst genommen. Die paternalistischen Züge dieses Gottes, den Barth vor Augen malt, sind nicht zu übersehen. Sie sind vielleicht deshalb zu verschmerzen, weil Barths Lehre von der Gnadenwahl vor dem Hintergrund der Barbarei des Nationalsozialismus, die in ihrer Ideologie die Erwählung auf ein nationales Volk in einem totalen Staat engführte, die Grenzen für alle Menschen öffnet. Barths konkrete Antwort ist in ihrer Grundsätzlichkeit bewundernswert. Im besten Sinne revolutionär. Das Böse darf nicht siegen!

Der Genosse Mensch

Karl Barth war kein Diskurs-Schmeichler, sondern ein Meister der feindlichen Übernahme, verstand es, auch bereits länger etablierte Forschungsrichtungen forsch einzugemeinden und in einer seltsamen Melange aus Chuzpe und Überbietungsehrgeiz zu bewerten. So verhält sich Karl Barth auch gegenüber der Dialogischen Bewegung um Martin Buber, Ferdinand Ebner und Eberhard Grisebach, deren Bestreben darin besteht, deutlich zu machen, dass Menschen immer in Beziehungen stehen und nur durch die Begegnung mit einem Anderen, einem Du, zum Menschen werden. 1948, im dritten Band der Schöpfungslehre, entpuppt sich Karl Barth als veritabler Dialogiker, der mit 25-jähriger Verspätung als plötzlich Bekehrter einem der Erfinder der Dialogik, Martin Buber, dem Autor von *Ich und Du*[117], vorhält, bis zur entscheidenden Aussage über die Humanität nicht durchgestoßen zu sein. Martin Buber gelinge es nicht, die Pointe der Dialogik scharf zu machen, dass nämlich ein Mensch einem anderen Menschen *gerne* beistehe (KD III/2, 334). Auf dieses Prädikat *gerne* kommt für Barth alles an.

Im gleichen Atemzug wird auch Karl Jaspers vorgehalten, seine Rede von menschlichen *Grenzsituationen*[118] sei zwar verdienstvoll, weil in den „nicht vorgesehenen paradoxen Situationen des *Leidens* und des *Todes,* des *Kampfes* und des *Schuldigwerdens* [...] das menschliche Dasein *fragwürdig"* (KD III/2, 132) werde. Jaspers beschwöre allerdings nur die Transzendenz, weil er in seinem Versuch der „Existenzerhellung" nicht zum wahren Grund der Menschlichkeit, zum erwählenden Gott durchbreche. Im selben Jahr, 1948, als KD III/2 erscheint, wird Jaspers nach Basel berufen, ist also künftig Barths Kollege in der Philosophie. Der Text ist ein warmer Begrüßungshandschlag. Aber: Leider ist die Diskursführerschaft schon kompetent besetzt. Theologie vor Philosophie, in dieser Reihenfolge, bitte, Kollege Jaspers.

Zwar lässt sich Barth in diesem Band der *KD* endlich auf ein Gespräch mit den Humanwissenschaftlern ein – ein langer Exkurs behandelt etwa die Deszendenztheorie (Ernst Haeckel), also die Abstammung des Menschen von einer Urart –, aber Barth gesteht den Humanwissenschaften allenfalls zu, *Phänomene des Menschlichen* präsentieren zu können: Der *wirkliche* Mensch dagegen falle in das Forschungsgebiet der Theologie, denn der wirkliche Mensch sei „ohne Gott nicht [...] zu sehen und zu begreifen". (KD III/2, 84) So sieht Selbstbewusstsein aus! Und dieses Selbstbewusstsein übertrug sich auch auf Barths Schüler und die Heerscharen der von Barth ausgebildeten Pastoren. Man war sehr gerne selbstbewusst mit reinem barthschen Gewissen.

Nochmals: Warum verbleiben die Humanwissenschaften nur im Vorhof der wahren Anthropologie? Antwort: Die wahre Anthropologie ist eine *Theantro-*

pologie. Und dafür ist Barth zuständig. Barth fordert eine *„Begründung der Anthropologie auf die Christologie"*. (KD III/2, 50; vgl. 85 ff.) Jetzt heißt es: „Die Humanität Jesu ist nicht nur die Wiederholung und Nachbildung seiner Divinität, nicht nur die des ihn regierenden Willens Gottes, sondern die Wiederholung und Nachbildung Gottes selber: nicht mehr und nicht weniger. Sie ist das Bild Gottes, die *imago Dei.*" (KD III/2, 261)

In der kleinen Schrift „Die Menschlichkeit Gottes" von 1956 ist Barth ausgesprochen selbstkritisch, gesteht zu, er habe in frühen Jahren zunächst mit seinen Verbündeten sehr einseitig die Göttlichkeit Gottes herausgestellt, erst später die Menschlichkeit. Jetzt liest man dort: „Die dem Menschen als solchem von der Menschlichkeit Gottes her zukommende Auszeichnung erstreckt sich aber auch auf alles das, womit der Mensch von Gott, seinem Schöpfer, als Mensch *begabt* und ausgerüstet ist. Diese Gabe, seine *Humanität,* ist durch des Menschen Sündenfall nicht ausgelöscht und in ihrer Güte auch nicht gemindert. Nicht weil er kraft seiner Humanität solchen Vorzug verdiente, ist der Mensch der zum Umgang mit Gott Erwählte. Er ist es allein durch Gottes Gnade. Er ist es aber als der nun eben von Gott so Begabte: in seiner besonderen Leiblichkeit, in der er freilich mit Pflanze und Tier auch noch genug gemein hat, und als vernünftig denkendes, wollendes, sprechendes, als zu eigener Verantwortung und spontaner Entscheidung bestimmtes, vor allem als von Haus aus mitmenschlich konstituiertes, verbundenes und verpflichtetes Wesen. Ihn als *dieses* Wesen in seiner besonderen Totalität meint, liebt und ruft Gott."[119] Offenbar kann die Humanität des Menschen schlicht deshalb nicht zerstört werden, weil sie die Natur des Menschen ausmacht.

Identifizierbar wird die Bestimmung des Menschen im Blick auf den Mensch Jesus: Der „archimedische Punkt oberhalb des Menschen und damit die einzige Möglichkeit zu dessen ontologischer Bestimmung" (KD III/2, 158) ist hier zu suchen. „Theologische Anthropologie hat in dieser Sache keine Wahl. Sie wäre noch nicht oder nicht mehr theologische Anthropologie, wenn sie die Frage nach des Menschen Sein und Wesen von anderswo als von diesem einen Punkt her stellen und beantworten wollte. [...] *Die ontologische Bestimmung des Menschen ist darin begründet, daß in der Mitte aller übrigen Menschen Einer der Mensch Jesus ist."* (KD III/2, 158) Jesus ist „das Geschöpf, an welchem Gottes Gnadenwahl schon vollzogen ist". (KD III/2, 171) In zwei Hauptsätzen fasst Barth die Lehre vom wirklichen Menschen zusammen: Das menschliche Sein „beruht auf *Gottes* Erwählung, und: es besteht im Hören von *Gottes Wort.*" (KD III/2, 188) Anders formuliert: „Es ist das menschliche Sein als Zusammensein mit Jesus ein Sein, das auf Gottes *Erwählung* beruht und wiederum als Zusammensein mit Jesus ein Sein, das im Hören von Gottes *Wort* besteht." (KD III/2, 170)

Diese zweite Wende oder Kehre Barths, über die viel spekuliert wurde, ist eine Folge seines bereits früh angelegten, aber immer stärker in den Vordergrund tretenden konkreten Denkens. Barths Hassvokabel lautet: *abstrakt*. Ganz überraschend kommt die Konzentrierung nicht, denn Barth hat die Rede von Existenz nie aufgegeben, auch wenn er nicht wie Rudolf Bultmann den Schulterschluss mit dem frühen Heidegger gesucht hat. Aber sein früher Held hieß Kierkegaard! Die Schriftenreihe nach dem Scheitern von *Zwischen den Zeiten* tauften Barth und Thurneysen bekanntlich *Theologische Existenz heute*. Jesus „ist, indem er *ist,* das *Wort* Gottes. Und so lautet das Wort Gottes aufs schlichteste zusammengefaßt dahin, daß er, dieser Mensch Jesus, *ist.* So ist seine eigene *Existenz* der Inhalt der Rede dieses Menschen." (KD III/2, 177f.) Auf diese Existenz, dieses Wort Gottes, hat der Mensch zu antworten. Darin besteht seine Verantwortung vor Gott, die nach Barth „den Charakter der *Erkenntnis* Gottes" (KD IIII/2, 209) hat und sich wesentlich im Danken für die Wohltat der Gnade ausdrückt. Barths Gott ist eben nicht primär der Gott der Philosophen, sondern der Gott Abrahams, Isaaks und Jakobs. Ist der theologische Existentialismus ein christologischer Humanismus? Und ist der christologische Humanismus im Kern Dialogik?

Allerdings: Die konzentrierte Hinwendung zum konkreten Denken ringt auch weiterhin mit der Rede von einer ewigen Erwählung. Und die langen Satzschlangen in den Texten würgen die Einwände, die während der Lektüre kommen, regelmäßig wieder ab. Lässt sich so konkret über Geschichte reden? Und: Ist die Sünde doch nicht so strikt zu deuten, wie der frühe Barth vorgeschlagen hat? Barth schreibt jetzt ganz eindeutig: „Den real gottlosen Menschen werden wir nie und nimmer als den wirklichen Menschen anerkennen können." (KD III/2, 84) Sünde wird jetzt als „ontologische Unmöglichkeit" deklariert. Die entscheidende Sequenz: „Hier, in dieser Begründung des menschlichen Seins in Gottes Erwählung liegt der Grund und Sinn unseres Satzes von der gerade dem Menschen zuzuschreibenden ontologischen Unmöglichkeit der Sünde. Vom Menschen *in abstracto* gesagt, wäre dieser Satz natürlich unvollziehbar und durch das Faktum der Sünde zum vornherein widerlegt. Vom Menschen *in abstracto* müßten wir vielmehr ohne weiteres sagen, daß ihm der Sündenfall geradezu ontologisch notwendig sei. Der Mensch *in abstracto*, d.h. abgesehen von dem ihm von Haus aus zugewandten barmherzigen Willen seines Schöpfers, wäre ja ein Sein, das der Bedrohung durch das es begrenzende Nichtsein zum vornherein in hoffnungsloser Ohnmacht preisgegeben und verfallen wäre. [...] Wir haben nun nicht vom Menschen *in abstracto* geredet, als wir ihm jene ontologische Unmöglichkeit zuschrieben. Wir redeten vielmehr von dem Menschen, dessen Sein ein Zusammensein mit Gott ist. Es ist aber erst die konkrete Füllung dieses Begriffs durch den der göttlichen Gnadenwahl, mit der wir in dieser Hinsicht auf festen Boden zu stehen kommen." (KD III/2, 174f.)

Von jetzt an – und das zieht sich auch durch die vielbändige Versöhnungslehre – ringt Barth erneut mit dem Problem der Sünde: „Der wirkliche Mensch kann seine Wirklichkeit verleugnen und verfinstern. Es ist das Können, für das es nun wirklich keinen Grund gibt, von dem man nur als von einer üblen Tatsache reden kann: das unbegreifliche, das wahnsinnige Können der Sünde." (KD III/2, 244) Im Kern aber ist die Sünde entmächtigt: „Die Sünde ist nicht schöpferisch.

Sie kann das Geschöpf Gottes nicht durch ein anderes Geschöpf ersetzen. Sie kann also den Bund nicht annullieren" (KD III/2, 246), sie kann die Humanität nicht vollständig vernichten.

Worin besteht aber nun präzise diese Humanität?

Um diese Frage zu beantworten, muss, so die naheliegende Pointe, vom Faktum des Mannes aus Nazareth ausgegangen werden, der der „Maßstab" ist, an dem gemessen werden kann, was Humanität bedeutet (KD III/2, 242). Die Antwort lautet „Humanität: sein [Jesu, K.H.] Sein in der Zuwendung zum Mitmenschen." (KD III/2, 249) Und nochmals nachdrücklich formuliert: „(E)s handelt sich bei diesem Sein des Menschen Jesus für den Mitmenschen um einen Sachverhalt von *ontologischer* Natur." (KD III/2, 251) Jesu Menschlichkeit ist „von Haus aus und real Mitmenschlichkeit". (KD III/2, 252) Konkret heißt das: Er ist barmherzig. An Jesu kann man ablesen: Es gehört zur Natur des Menschen, nicht gleichgültig, sondern sensibel auf andere Menschen bezogen zu sein. *Der Mensch ist von Natur aus ein Kümmerer.*

Will man die Grundform der Humanität erforschen, kann das „Kriterium" selbstredend nur die „Menschlichkeit des Menschen Jesus" (KD III/2, 269) heißen. Jesus in seiner Existenz dient Barth als Grundlage dafür, jede abstrakte oder neutrale Existenz in Abrede zu stellen: *„(D)ie Humanität des Menschen besteht in der Bestimmtheit seines Seins als Zusammensein mit dem anderen Menschen."* (KD III/2, 290) Barths Abgrenzungsehrgeiz richtet sich gegen anthropologische Ansätze, die „dem Menschen eine *abstrakte,* d.h. eine von der

Karl Barth in Wuppertal während eines Referates in der Evangelischen Gesellschaft, undatiert © Lachmann/Fotoversand Sonnhild Mey

Mitexistenz seines Mitmenschen abstrahierende Existenz" (KD III/2, 270) zuschreiben. „Ein Mensch ohne Mitmensch oder ein Mensch, der dem Mitmenschen von Haus aus gegensätzlich oder neutral gegenüberstünde, oder ein Mensch, für den die Mitexistenz seines Mitmenschen nur untergeordnete Bedeutung hätte, wäre ein solches Wesen, das dem Menschen Jesus *eo ipso* radikal fremd gegenüberstehen würde, dessen Heiland und Erretter er nimmermehr sein könnte." (KD III/2, 271)

Die Existenz Jesu und selbstredend die innertrinitarische Relationalität, sprich: das Beziehungsgeschehen der drei göttlichen Personen zueinander, dienen als Ausweis für ein grundsätzliches Zusammensein. Von hier aus entwickelt Barth seine Dialogik und bedient sich ganz frei an einem anderenorts ausgearbeiteten Vokabular. Ich liste die zentralen Schritte (KD III/2, 296ff.) zunächst unkommentiert auf. Dialogik als Readers Digest.

„Humanität [ist, K.H.] die Bestimmtheit unseres Seins als ein *Sein in der Begegnung mit dem anderen Menschen.* [...] Die Grundformel zu ihrer Beschreibung muß lauten: *Ich bin, in dem du bist.*" „‚Sein in der Begegnung', das ist 1. ein solches Sein, in welchem der Eine dem Anderen in die *Augen* sieht. Das ist nämlich der humane Sinn des Auges: daß der Mensch dem Menschen Auge in Auge sichtbar werde. [...] Dieser Augenblick ist gewissermaßen die Wurzelbildung aller Humanität, ohne die alles Weitere unmöglich wäre. Man bemerke aber auch hier: gerade diese Wurzelbildung der Humanität wird genau genommen immer nur in der Zweisamkeit, wortwörtlich Auge in Auge zwischen Ich und Du geschehen können." Das Sein in der Begegnung „besteht 2. darin, daß man miteinander *redet*, aufeinander *hört*. [...] Ich und Du müssen reden, Ich und Du müssen hören, und zwar miteinander reden, aufeinander hören. Kein Element darf hier fehlen. Das ist der humane Sinn der *Sprache*." „Ich bin nicht du, Du bist nicht ich. So ist das, was der Andere an mir zu sehen bekommt, etwas für ihn Neues, Fremdes, Anderes." „Anreden heißt mit seinem eigenen Sein beim Anderen anklopfen und Eintritt verlangen." Es handelt sich um einen „Einbruch aus meiner Sphäre in die seine". „Das Sein in der Begegnung besteht 3. darin, daß man einander in der Tat seines Seins gegenseitig *Beistand* leistet." „(A)ltruistisches Handeln" ergibt sich aus „dem Ruf des Einen nach dem Anderen". „Daß der Mensch Jesus, indem er er selbst ist, im strengsten Sinne für uns ist, für uns lebt, die Verantwortung für uns übernimmt, das hat er, indem er als Gottes Sohn in der Macht Gottes des Schöpfers handelt, vor uns voraus, das ist sein Privileg, darin kann ihm kein anderer Mensch gleich kommen. Die Entsprechung zu seinem Sein und Handeln besteht in dem Beschränkteren: daß wir uns gegenseitig Beistand leisten." „Das Sein in der Begegnung besteht aber 4. darin, daß das ganze Geschehen, das wir bisher als die Grundform der Humanität beschrieben haben, unter dem Zeichen steht, daß es hinüber und herüber *gerne* geschieht. Also: daß man sich gegenseitig gerne sieht und gerne voneinander sehen läßt, gerne miteinander redet und gerne aufeinander hört, gerne Beistand empfängt und gerne Beistand leistet. Man kann das die letzte höchste Stufe der Humanität nennen." „Das aber ist das Geheimnis der Humanität: Es handelt sich bei dem Sein in der Begegnung von Ich und Du nicht um eine zufällige, nachträglich zum Menschen hinzukommende und äußerlich ihm auferlegte, es handelt sich hier vielmehr um eine seinem Wesen immanente freie Selbstbestimmtheit des Menschen. [...] Er ist eindeutig und von Haus aus gerne menschlich." „In dem gerne, in der Freiheit bejahten Miteinander ist der Mensch weder Tyrann noch Sklave und ist auch der Mitmensch weder Tyrann noch Sklave, sind sie vielmehr Gefährten, Gesellen, Kameraden, Genossen, Gehilfen."

Ist also nur der Christ fähig, dieses kleine Wort *gerne*[120] als höchste Stufe der Humanität zu erreichen?

Martin Buber, dem in einer Fußnote vorgeworfen wird, die „Krone des Humanitätsbegriffs" (KD III/2, 334) nicht erklommen zu haben, reagiert mit Widerspruch, ein echter Dialog kommt allerdings von Barths Seite aus nicht zustande.[121] An entscheidender Stelle wird Barth, der die dialogische Bewegung importiert und zentrale Sätze ausleiht, der dialogischen Haltung nicht gerecht. Ich reiche das verweigerte Gespräch nach.[122]

Um Barths zentrale These zu testen, greife ich auf einen Dialogiker zurück, der 1948 mit der kleinen Schrift *Le Temps et L'Autre*[123] die dialogische Bewegung nochmals angeschoben hat und heute als später Kopf der Bewegung gilt. Emmanuel Levinas, Schüler von Husserl und Heidegger[124] gleichermaßen, inszeniert phänomenologisch präzise ausformulierte Schlüsselsituationen, geht aus von einem naiven Ich, das sich die Welt lustvoll einverleibt und dann auf den Anderen trifft, der in seine Welt einbricht, ihn anredet und ihn in die Scham treibt. In seinem reifen Werk *Totalität und Unendlichkeit* heißt es: „(D)er Andere als Anderer [...] ruft meine Scham hervor und ist gegenwärtig als der, der mich beherrscht."[125] Es ist die Scham über die eigene Freiheit: „Es ist eine Scham, die die Freiheit über sich empfindet, weil sie entdeckt, daß sie in ihrer Ausübung selbst mörderisch und usurpatorisch ist."[126] Die Gewalt, die dieser Situation inhärent ist, wird abgepuffert, weil der Andere in seiner Verwundbarkeit und Schwäche auf mich zukommt. Das nackte Gesicht ist ein Aggressionsstopper. *Töte mich nicht!* lautet der Imperativ, der aus dem Gesicht des Anderen spricht.

In einer Parallelaktion zu Barth wird der Andere als der ganz Andere vorstellig, als Fremder, er kommt, wie Levinas sagt, vom Jenseits der Totalität des Seins und erzeugt ein Verlangen (*désir*) im Ich, das nicht wie ein Bedürfnis (*besoin*) befriedigt werden kann. Nach Levinas ist der Andere es, der die Idee des Unendlichen, die Gott, wie Descartes in seinen *Meditationes de prima philosophia* behauptet, in uns hinterlegt hat, in mir weckt.[127] Meine Geschichte mit dem Anderen und meine Verantwortung für den Anderen kommen nie ins Ziel: „(D)ie Transzendenz ist Nähe, die Nähe ist Verantwortung für den Anderen, Stellvertretung für den Anderen, Sühne für den Anderen, Bedingung oder Unbedingung der Geiselschaft."[128] Das Subjekt, so die verschärfte Auskunft, ist *être otage*, Geisel des Anderen. „(U)nter der Anklage aller stehend, reicht die Verantwortung für alle bis hin zur Stellvertretung. Das Subjekt ist Geisel."[129]

Die scheinbar zentrale Differenz zu Barth verdichtet sich in diesem Satz: „Toutes les personnes sont Messie."[130] Im Sprachspiel von Levinas darf es keine Reziprozität geben, weil jede Tat, die auf Reziprozität abzielt, auf Dankbarkeit spekuliert, dann aber geschieht die Tat doch nur zur Selbststabilisierung, dann ist sie keine reine Gabe. Das stellvertretende Handeln geschieht, wie Levinas immer wieder einschärft, vor dem Verstehen, weil jedes Verstehen erneut eine Eingemeindung des Anderen nach sich zieht.

Levinas, der während des Zweiten Weltkriegs einige Jahre in einem Lager für jüdische Gefangene in der Lüneburger Heide mit viel Glück überlebte, ist ein Totalitätskritiker par excellence, der die Asymmetrie im Verhältnis von Ich und Du niemals auflöst. Ist das Geisel-Sein aber nicht doch eine notorische Überforderung? Zwar ist auch bei Karl Barth Stellvertretung[131] ein zentrales Thema, aber selbstredend immer nur im Rahmen der Erwählungslehre. Zwar gilt, dass die Handlungen des Menschen „in einer Entsprechung zum Tun Gottes bestehen" (KD III/4, 543), aber ihnen wird im ethischen Handeln an entscheidender Stelle Dispens erteilt, denn der stellvertretende Tod ist ein für alle Mal vollzogen worden, in diesem Fall gibt es keine Analogie. Aber! Der Mensch Jesus hat diese Stellvertretung bekanntlich durchaus nicht gerne gemacht, sondern ängstlich gefragt, ob der Kelch nicht an ihm vorbeigehen könne, erst dann hat er sich in den Willen Gottes gefügt. (Mk 14,36)

Karl Barth 1956 © picture-alliance/Imagno

Das Signal-Adverb *gerne* bezieht sich in Barths Diskurs auf die Gnadenwahl, die als Entlastung und Entängstigung verstanden wird und solidarische Taten hervorruft. Barth ist aber näher an Levinas, als es den Anschein hat, denn auch er behauptet: „Indem er ihm so, als dem Gesetz seiner eigenen Freiheit gehorsam ist, realisiert er jenes ‚mit' – mit dem Mitmenschen, mit dem Du – nicht nur aus äußerer, sondern aus innerer Notwendigkeit und also gerne, also wirklich von sich aus. Es bekommt dann jenes Miteinander den Charakter des schlechthin Spontanen." (KD III/2, 323) Das ist unklar formuliert, denn das schlechthin Spontane, das auch Levinas fordert, muss nicht zwangsläufig gerne geschehen. Man könnte allerdings so argumentieren: Wenn Spontaneität aus dem Personkern kommt, stimmt die Handlung mit dem Wollen überein, die Frage ist, ob man Lust oder Unlust dabei verspürt. Da Unlust oder Trägheit immer eine Hemmung bedeutet, kann man schließen, dass Spontaneität gerne geschieht. Dann aber müsste man auch Levinas zugestehen, dass der Mensch gerne spontan dem Anderen beisteht, denn auch sein Handeln stammt aus dem Personkern, der eingelagerten und durch den Anderen geweckten Idee des Unendlichen.

In Barths Diskurs bleibt das Adverb *gerne* eher abstrakt. Es wäre durchaus konkret einzuholen, wenn man erfahrungstheologisch argumentieren würde, wenn man also zeigen könnte, wie Narrationen die Erfahrung der Gnadenwahl, das Gefühl, angenommen zu sein, spürbar machen, wie sie Kraft vermitteln und aus dieser Erfahrung heraus Solidarität oder auch Selbstdistanzierung emotional freudig unterfüttern. Dieser Zugang wäre für Barth freilich eine arg tiefe Verbeugung vor Wilhelm Herrmann und den liberalen Vätern. Im Umgang mit den biblischen Texten bleibt Barth leider häufig formal, oder angriffslustig formuliert: abstrakt.

Sein hermeneutischer Schlüssel hakt noch an einer anderen Stelle. Methodologisch versucht Barth Relations-Analogien (*analogia relationis*) zu entdecken, die ein urbildliches Verhältnis Gottes in innerweltlichen Verhältnissen abbilden: So wird das Urbild des Verhältnisses Gottes zu Israel abgebildet im Verhältnis von Mann und Frau. So heißt es in § 45: „Hinter dem Verhältnis von Mann und Frau, wie es uns in dem Bilde in Gen 2 und im ‚Lied der Lieder' entgegentritt, steht beherrschend ein *Urbild:* das Verhältnis des *Gottes* Jahve-Elohim zu seinem Volk Israel. Hinter jenen Texten steht nämlich die alttestamentliche Prophetie." (KD III/2, 358) Vorher hatte Barth „die jahwistische Sage, in der berichtet wird, wie die Erschaffung des Menschen dadurch vollendet wurde, daß Gott dem Mann die Frau zugesellte" als „(d)ie alttestamentliche Magna Charta der Humanität" (KD III/2, 351, vgl. KD III/1, 329–377) gefeiert.

Dogmatisch deduziert, ist diese duale Lebensform Mann und Frau in Stein gemeißelt. Andere Lebensformen kommen so nicht in den Blick. Homosexualität etwa wird als „Zerfall", „Krankheit", „Perversion", „Abgötterei" (KD III/4, 184f) denunziert. Zu Recht urteilt scharf Hartmut Kreß, „die dogmatische Fundierung ethischer Aussagen" drohe „zu krassen Fehlurteilen zu verleiten".[132]

Der Genosse Wächter

Man muss immer wieder daran erinnern, dass erst 1985, also unfassbare vierzig Jahre nach Ende des Zweiten Weltkriegs, die Evangelische Kirche unter Federführung von Trutz Rendtorff eine Demokratie-Denkschrift veröffentlichte, 2006 folgte dann ein Gemeinsames Wort der Kirchen. Es war offenbar ein verschlungener und steiniger Weg hin zur Demokratiefreundlichkeit. Beide Texte betonen eine Nähe zwischen Christentum und Demokratie, liegen damit einerseits auf der Linie, die Karl Barth vorgegeben hat, die neueren Ansätze theologischer Ethik gehen in dieser Frage allerdings einen markanten Schritt über Barth hinaus.

Charlotte von Kirschbaum hatte noch mäßigend auf Karl Barth eingeredet, als der an seinem Text *Theologische Existenz heute!* (1933) feilte und ihn dann auch mit Elan vor vielen Zuhörern vortrug. An Eindeutigkeit lässt der Text dennoch nichts zu wünschen übrig. Barths Gegner sind an erster Stelle die Deutschen Christen, dann aber auch die Jungreformatorische Bewegung, der kurzzeitig auch Gogarten angehörte. Zwar gesteht Barth zu, „daß die Jung-Reformatorischen im Unterschied zu den ‚Deutschen Christen' die Ausschließung der Nicht-Arier aus der Kirche ablehnen",[133] aber er vermisst in ihrem Ringen um eine selbständige Kirche einen „positiven, bekenntnismäßigen, theologischen Inhalt" und unterstellt ihr, „doch bloß der Erbe der alten Vermittlungstheologie" zu sein, die Brücken schlägt zwischen der liberalen und der positiven Theologie.[134]

Scharf wendet sich Barth gegen das von den Deutschen Christen bejubelte Führerprinzip, durchaus emotional ruft Barth dazu auf, „nüchtern zu werden", nämlich „nüchtern zu der Erkenntnis, daß die deutsche evangelische Kirche […] ihren ‚Führer' *hat* in Jesus Christus, dem Worte Gottes, der ihr wohl auch menschliche ‚Führer' geben kann, daß sie sich aber eben darum […] darüber schlüssig werden muß, ob sie sich an *seiner* Führung und an der Möglichkeit, daß *er* uns Führer gibt, genügen [lassen] oder ob sie sich […] eigenmächtig in die Hände eines selbsterwählten Führers legen will. […] Wo es begriffen ist, daß *er* [Jesus Christus, K.H.], und zwar er *allein* Führer ist, da ist theologische Existenz."[135]

Und gegen die namentlich bei Lutheranern verbreitete Sehnsucht nach einem Reichsbischof erinnert Barth: „Warum sollte es nicht auch in der Kirche wirkliche Führung geben? Aber sinnvoll wäre doch auch und gerade in der Kirche erst dann davon zu reden, wenn sie *Ereignis* wäre. In Luther und Calvin *war* sie Ereignis. Es war ihnen nicht kraft eines besonderen Amtes […], sondern sehr schlicht im Rahmen ihres gewöhnlichen Amtes als Prediger und Professor in Wittenberg und Genf faktisch *gegeben*, die Kirche zu führen, sehr autoritär [sic!], sehr geistlich, aber vor allem sehr wirklich. […] Führung gibt es nur, wo Führung vollendete *Tatsache* ist. Das Führungs*prinzip* ist barer Unsinn."[136]

Ein deutliches Bekenntnis zur Demokratie legt Barth an dieser Stelle noch nicht ab, markiert aber eine Grenze: „Die Kirche glaubt an die göttliche Einsetzung des Staates als des Vertreters und Trägers der öffentlichen Rechtsordnung im Volke. Sie glaubt aber weder an einen bestimmten, also auch nicht an den deutschen Staat, und sie glaubt an keine bestimmte, also auch nicht an die nationalsozialistische Staatsform."[137] Die spätere *Barmer theologische Erklärung* hat in diesem Vortrag ihre Vorform gefunden, der Aufsatz *Rechtfertigung und Recht* von 1938 verschärft nochmals die Einsichten, eine große Wirkungsgeschichte erreicht die direkt nach dem Krieg publizierte Schrift *Christengemeinde und Bürgergemeinde*. Jetzt heißt es explizit, „daß die christlich-politische Richtung und Linie, die sich vom Evangelium her ergibt, eine auffallende Neigung nach der Seite verrät, die man gemeinhin und allgemein als die des ‚demokratischen' Staates zu bezeichnen pflegt".[138]

Die Auseinandersetzung mit Luther und den Lutheranern – Barth hält auch im Blick zurück die lutherische Zwei-Reiche-Lehre für latent autoritätshörig und faschismusanfällig – wird durch eine neue Bildpolitik betrieben. Statt von der bildmächtigen Zwei-Reiche-Lehre prägt Barth das Bild von zwei konzentrischen Kreisen mit Christus in deren Mitte – der kleinere Kreis umzirkelt die Christengemeinde, der größere Kreis die Bürgergemeinde. Jetzt kommt der Christengemeinde ein Wächteramt zu.

„Die ‚*Christengemeinde*' (Kirche)", so definiert Barth, „ist das Gemeinwesen derjenigen Menschen eines Ortes, einer Gegend, eines Landes, die als ‚Christen' durch die Erkenntnis und zum Bekenntnis Jesu Christi aus den Übrigen im besonderen herausgerufen und vereinigt sind." (47) „Die ‚*Bürgergemeinde*' (Staat) ist das Gemeinwesen aller Menschen eines Ortes, einer Gegend, eines Landes, sofern sie unter einer für einen Jeden und für Alle in gleicher Weise gültigen und verbindlichen, durch Zwang geschützten und durchgesetzten Rechtsordnung beieinander sind." (48) Der Christengemeinde fehlt „die physische Macht", der Bürgergemeinde fehlt „die ökumenische Weite und Freiheit. Die polis hat Mauern." (49)

Deshalb hat die Christengemeinde „hochpolitische Bedeutung" und ist mitnichten „apolitisch", weil der „Gegenstand der Verheißung und Hoffnung" nicht in einer „ewigen Kirche", „sondern in der von Gott gebauten und, vom Himmel auf die Erde kommenden polis" besteht. (51) Die Kirche muss „bei ihrer Existenz als *innerer Kreis* des Reiches Christi sein Bewenden haben", ihre „*besondere* Aufgabe" lässt sich so beschreiben: „Sie verkündigt die Herrschaft Jesu Christi und die Hoffnung auf das kommende Reich Gottes." (54) Mit einer Invektive gegen Luther höchstpersönlich gesagt, der Röm 13,1a (Jedermann sei untertan der Obrigkeit, die Gewalt über ihn hat) nicht, wie Barth vorschlägt, als „*unterordnet*" übersetzt: „Luthers Übersetzung redet von ‚Untertansein' und sagt damit etwas gefährlich Anderes als das Gemeinte. Das Gemeinte ist nämlich gerade nicht dies, daß die Christengemeinde und die Christen der Bürgergemeinde oder ihren Funktionären einen möglichst blinden Untertanen- und Jawohl-Gehorsam entgegenbringen". Richtig verstanden bedeutet „‚Unterordnung' […] den Vollzug dieser *Mitverantwortung,* in der die Christen sich mit den Nicht-Christen an dieselbe Aufgabe begeben, derselben Regel unterstellen". (55)

Zwar markiert Barth einen Vorbehalt, wenn er hinsichtlich der Frage nach der bestmöglichen Gestalt eines politischen Systems zunächst noch dazu aufruft, die Christengemeinde möge sich „hüten, *ein* politisches Konzept – und wenn es das ‚demokratische' wäre – als das christliche gegen alle anderen auszuspielen". (57) Aber bereits in den nächsten Schritten geht der Ehrgeiz darauf, jene „*Richtung* und *Linie*" (58) zu verfolgen, die durch die „geistliche Norm" (60) vorgegeben wird: „Die Richtung und Linie des christlich politischen Unterscheidens, Urteilens, Wählens, Wollens und Sicheinsetzens bezieht sich auf die *Gleichnis*fähigkeit und *Gleichnis*bedürftigkeit des politischen Wesens. […] (E)s drängt sich als zwingend auf: die Gerechtigkeit des Staates in christlicher Sicht ist seine Existenz als ein *Gleichnis,* eine Entsprechung, ein Analogon zu dem in der Kirche geglaubten und von der Kirche verkündigten Reich Gottes." (63)

Typisch für Barth: Diese Gerechtigkeit bezieht sich zunächst und zumeist auf den Menschen. Die Christengemeinde nimmt sich „im politischen Raum immer und unter allen Umständen in erster Linie des Menschen" an und nicht irgendeiner Sache, sei es „das anonyme Kapital […] oder der Staat als solcher (das

Funktionieren seiner Bureaux!) oder die Ehre der Nation oder der zivilisatorische oder auch kulturelle Fortschritt oder auch die so oder so konzipierte Idee einer historischen Entwicklung der Menschheit". (65)

Die Gleichnisbedürftigkeit und Gleichnisfähigkeit wird in weiteren analogen Relationen eingefordert. Weil die Christengemeinde „Zeuge der göttlichen Rechtfertigung" ist, „d.h. des Aktes, in welchem Gott in Jesus Christus sein ursprüngliches *Recht* auf den Menschen" aufgerichtet hat, wird sie „nie auf der Seite der Anarchie und nie auf der der Tyrannei zu finden sein" (66), sondern sie verlangt analog vom Staat, ein Rechtsstaat zu sein, fordert im Gegenzug den „mündige(n) Menschen". (67) Die Christengemeinde steht „im politischen Raum als solche und also notwendig im Einsatz und Kampf für die soziale Gerechtigkeit" (67), weil sie so analog zur Sendung Jesu zu den Entrechteten Zeuge dieser Sendung ist. Damit „überbietet die christliche Haltung sowohl den Individualismus als auch den Kollektivismus". (68) Weil die Taufe für alle gilt, fordert jetzt Barth auch die Gleichheit aller und damit die Gleichheit der Frauen. (68) Im Anschluss an die Rede von den Charismen in der Gemeinde kann Barth analog die Forderung nach einer Gewaltenteilung im Staat aufstellen. (68f.) Und – eine hübsche Volte – weil durch das Licht der Offenbarung „die Werke der Finsternis" zerstört wurden, verurteilt Barth jede Form von „Geheimpolitik und Geheimdiplomatie" (69), plädiert umfassend für das „Licht der Öffentlichkeit". (69) Lange vor Wikileaks war Barth ein Prophet der Leaker-Generation.

Und weil Gott gelegentlich zürnt, dann aber schnell sich an seine ewige Gnade erinnert, kann Barth als „ultima ratio regis" eine gewaltsame Konfliktlösung gutheißen, wenn nur so ein guter Staat wiederhergestellt oder gegen Dritte verteidigt werden kann. (71) Ergo: Es gibt eine „*Affinität* zwischen der Christengemeinde und der Bürgergemeinde der *freien* Völker!" (74)

Aber auch das fällt bei der Lektüre des Textes ins Auge: Barth, seit Urzeiten Sozialdemokrat, basht die Parteiendemokratie: „Nun sind aber die Parteien ohnehin eines der fragwürdigsten Phänomene des politischen Lebens: keinesfalls seine konstitutiven Elemente, vielleicht von jeher krankhafte, auf jeden Fall nur sekundäre Erscheinungen." (74) Diese Passage ist meistens mit Kopfschütteln aufgenommen worden.[139] Ich bin mir da nicht ganz so sicher.[140] Die Debatte darüber, ob wir in einer Postdemokratie[141] leben, die sich nicht länger strikt als repräsentative Demokratie versteht, ist noch im vollen Gange. Und Emmanuel Macron in Frankreich hat als charismatischer Kopf einer Bewegung, nicht einer Partei, das höchste Amt im Staate erobert. Vor diesem Hintergrund ist dieser Satz neu zu bewerten.

Mit vielen theologischen Vorläufern und Zeitgenossen sieht Barth die Funktion des Staates darin, Bollwerk gegen die Sünde zu sein. Die entscheidende Sequenz: Die Christengemeinde „preist aber Gott dafür, daß sie ‚in der noch nicht erlösten Welt' auch eine äußerliche, relative, vorläufige Gestalt hat, in der sie auch unter der Voraussetzung der unvollständigsten und getrübtesten Erkenntnis Jesu Christi, ja faktisch auch ohne sie gültig und wirksam ist. Diese äußerliche, relative, vorläufige, aber darum nicht ungültige, nicht unwirksame Gestalt der Rechtsordnung ist die Bürgergemeinde. Die Christengemeinde – und in ganzem Ernst nur sie! – weiß um ihre Notwendigkeit! Sie weiß nämlich – indem sie um Gottes Reich und Gnade weiß – um des Menschen Übermut und um dessen schlechthin zerstörerische Konsequenzen. Sie weiß, wie gefährlich der Mensch ist und wie gefährdet durch sich selber. Sie kennt ihn als Sünder, d.h. als das Wesen, das beständig im Begriff steht, die Schleusen zu öffnen, durch die, wenn ihm nicht gewehrt würde, das Chaos, das Nichts hereinbrechen und seiner Zeit ein Ende setzen müßte. Sie kann die Zeit, die ihm gelassen ist, nur als ‚Gnadenzeit' verstehen in dem doppelten Sinn: als Zeit, die ihm dazu gegeben ist, Gottes *Gnade* zu erkennen und zu ergreifen – und als Zeit, die ihm eben dazu *durch* Gottes Gnade gegeben ist." (51 f.)

Darin besteht die positive Funktion der Bürgergemeinde, einen Schutzraum gegen den Einbruch der Sünde zu bilden. Und deshalb ist die Christengemeinde dankbar für die „im staatlichen Wesen stattfindenden Bemühung um eine äußerliche, relative, vorläufige Humanisierung des menschlichen Daseins in der Verhinderung des Schlimmsten, die dadurch garantiert ist, daß es für Alle (für Nicht-Christen wie für Christen: sie haben es beide nötig, denn des Menschen gefährlicher Übermut ist in beiden lebendig!) eine politische Ordnung gibt, unter der – sehe jeder, wo er stehe! – die Bösen bestraft, die Guten belohnt werden (Röm. 13,3; 1. Petr. 2,14)." (52)

Politische Ethiken, die im Rahmen einer ethischen Theologie in Angriff genommen werden, haben inzwischen diese Engführung und Funktionalisierung hinterfragt. Die Funktion des Staates wird nicht länger darauf beschränkt, Bollwerk gegen die Sünde zu sein, sondern positiv wird die Institution des Rechts als Garant für die Ermöglichung der Freiheit gedeutet.[142] Nachdrücklich bezweifelt wird die Überzeugung, der Staat benötige eine theologische Legitimation und könne die Legitimation nicht selbst herstellen. Erst in der Demokratiedenkschrift[143] „wird nicht mehr von der Legitimationsbedürftigkeit des Staates gesprochen, auch nicht davon, dass der Staat sich den destruktiven Tendenzen des Einzelnen entgegen stellen solle und müsse. Sündhaftigkeit und Fehlbarkeit werden dagegen nun so profiliert, dass nicht die negativen Folgen einseitig auf der Seite der Bürger verortet werden, sondern die Demokratie diejenige Staatsform darstellt, die aufgrund ihrer eigenen Korrekturmechanismen in der Lage ist, die Fehler der Regierenden wie der Regierten durch den Grundgedanken der Begrenzung und der Kontrolle der Macht zu kompensieren. […] Der Demokratiebegriff […] ist das Konzept einer grundsätzlich auf den durch die Kodifizierung der Menschenwürde und der Grundrechte gesicherten Freiheiten der Bürger aufbauenden Staatsordnung, die ihre Legitimität durch die Bürger enthält."[144]

Seine Legitimität erhält der Staat nicht von außerhalb, durch ein metaphysisches Fundament, „sondern der Staat bildet die Lebensform der Bürger, die sich zu dieser Gemeinschaft zusammenschließen und so von

Karl Barth (links) und Martin Luther King Jr. (rechts) gehen zur Princeton University-Kapelle in Princeton am 29. April 1962. Im Hintergrund James I. McCord, Präsident des Princeton Theological Seminary. © picture alliance/AP Images der gegenseitigen Unterstützung profitieren können. Der demokratische Staat wird somit von seiner Funktion für die Entfaltung der Einzelnen bestimmt."[145]

Auch das ist der Denkschrift zu verdanken: Der Text geht zum ersten Mal sehr nachdrücklich von einer weltanschaulich pluralen Gesellschaft aus. Damit wird das Denkbild Barths sehr grundsätzlich ruiniert, denn die Christengemeinde steht nicht länger unangefochten im Zentrum und kann auch nicht mehr exklusiv das prophetische Wächteramt ausführen. Sie muss sich selbst zurücknehmen. „Da Religion stets einen ihr inhärenten Absolutheitsanspruch trägt, kann eine solche Selbstbegrenzung nur sehr eingeschränkt von außen an die Religion herangetragen werden, sondern muss aus ihrem Zentrum heraus entwickelt werden. Eben hier liegt die Bedeutung einer theologischen Ethik des Politischen."[146] Da Karl Barth an mehreren Stellen in der *KD* die Idee der Menschenrechte hochhält, ist hier bereits die Möglichkeit einer Selbstdistanzierung angelegt. Weil „Religionen strukturell intolerant sind" und weil die Versuchung besteht, „Vorstellungen letzter Gewissheit in Glaubensfragen unmittelbar auf die Weltgestaltung zu übertragen", ist eine Selbstbegrenzung unabdingbar.[147] Deshalb „ist der Menschenrechtsgedanke der Aufklärung, der zwar gegen den erbitterten Widerstand der christlichen Kirchen durchgesetzt werden musste, den aber sich Protestantismus wie Katholizismus in den Umbildungsprozessen seit den 1960er-Jahren zu eigen gemacht haben, die Voraussetzung dafür, dass die Religion nicht in einem menschenverachtenden Fundamentalismus im Namen letzter Wahrheiten umschlägt. […] Die Übernahme des Menschenrechtsgedankens, der Respekt vor der Freiheit des Einzelnen, die sich in den Strukturen gelebter Sittlichkeit verwirklicht, sowie die Anerkennung demokratischer Verfahren zur Entscheidungs- und Kompromisssuche auch bei strittigen Themen und damit die Akzeptanz eines Primats des Politischen in den Fragen des politischen Zusammenlebens sind daher unabdingbare Voraussetzungen für eine evangelische Ethik des Politischen."[148]

In der Idee der Menschenrechte ist die Selbstdistanzierungsmöglichkeit vorgeprägt, bei Barth kommt sie freilich nicht voll zum Durchschlag. Nachdenkenswert ist weiterhin die von Barth geforderte „christliche, geistliche, prophetische Erkenntnis" (72), weil sie ein ideologiekritisches Pfund ist, das Mehrwert verspricht. Mich überzeugt beim späten Barth, wie er die anfängliche Rede von der Krisis des Menschen unter dem Gericht Gottes unterlässt und den „grundsätzliche(n) Weltbezug des Christentums" herausstellt und damit „(e)in quietistisches, passives oder obrigkeitsorientiertes Mißverständnis des Protestantismus, das an Erscheinungsformen des Luthertums anknüpfen konnte",[149] revidiert. Die christologische Begründung des Staates aber droht den Staat zu überhöhen:[150] In dieser Hinsicht wäre deutlich mehr Sachlichkeit angebracht. In ihrer begründungslogischen Exklusivität ist die politische Ethik Karl Barths letztlich nicht dialogfähig. Ein Rekurs auf die Menschenrechte bietet aber das Potential der Selbstdistanzierung. Die Christengemeinde muss auf ihre Zentrumsfixierung verzichten.

Ein Nachruf

Abschied vom Genossen Barth

Prophetische Revolutionäre werden vom Publikum geliebt. Karl Barth war der Che Guevara der Protestanten. Und der Römerbriefkommentar das Evangelium. Und natürlich entdeckten die Anhänger später auch Gloriolenverschleiß und bei Barth einen ausgeprägten Hang zum Besserwissen. Aber die Fama blieb, auch weil er es auf die Titelseite des *Spiegels*[151] und des *New York Times Magazine* geschafft hatte und sogar zu seinem achtzigsten Geburtstag als Sondermarke der Deutschen Post auf Reisen ging. Die dreizehn Riesenbände der *KD* – auf die man nur bei einem Umzug fluchte – gehörten über Jahrzehnte zur Standardausführung einer theologischen Studenten-Bibliothek. Eltern und Großeltern aus dem reformierten Milieu halfen sehr gerne bei der Anschaffung. Während des Studiums in den Niederlanden gehörte es zum mittwöchentlichen Abendvergnügen, ein Quiz zu veranstalten mit zehn längeren Zitaten von Barth, die einem § der *KD* zugeordnet werden mussten. Nur wer wenigstens einmal deutlich gewonnen, damit auch die Gipfel der *KD* durchstiegen hatte, gehörte zum Clan. Paragraphenhengste höherer Ordnung waren wir lärmenden Buddies alle.

Wer Nachmieter im neuen Haus und Anwesen der Theologie Barths war, konnte sich dort chic einrichten. Richtig. Es gab und gibt Barth-Siegelbewahrer und Applausmeister. Das reichte oft für ein ganzes Leben. Unbequemer war es für diejenigen, die kreative Ansprüche erhoben, denn die Theologie Barths erwies sich als *hortus conclusus* mit hohen Mauern. Welchen Baum man auch pflanzte, es reichte häufig nicht, um aus dem kleinen Paradies hinauszuklettern. Freigelassene aus Barths Schöpfung? Nur eine kleine Meute von Klettermaxen. Bücher wie *Gottes Sein ist im Werden*[152] oder *Gott als Geheimnis der Welt*[153] blieben letztlich Paraphrasen und bearbeiteten nur Grundbegriffe von Karl Barth. Man erging sich mit Sonnenhut im Garten. Andere Nachmieter, wie Ingolf U. Dalferth, versuchten durch den kräftigen Import sprachanalytischer Philosophie die Denkbewegung von Karl Barth zu urbanisieren.[154] Honorig auch die Versuche vieler Barth-Exegeten, den ewigen Streit zwischen Schleiermacher und Barth befrieden zu wollen.[155] (Literarisch wäre es reizvoll, Totengespräche zwischen Schleiermacher und Barth zu inszenieren.) Das Problem: Vor allem die kuschelig im Garten verweilenden Autoren vollführten und vollführen unverdrossen das Kunststück, das Karl Barth besonders gehasst hat: die Apologie. Wohl nicht zufällig hat keiner der im engeren Sinne Schüler Barths eine eigene Dogmatik von Rang auf den Weg gebracht. Der Kirchenvater war auch ein Übervater. Wohl am ehesten wurden dem prophetischen Gestus von Barth Vertreterinnen und Vertreter aus dem linksbarthianischen Milieu gerecht, stellvertretend für viele erinnere ich an Helmut Gollwitzer. Der lautstarke prophetische Widerstand gegen politische und soziale Missstände, gegen Atomkraft und für den Frieden hat der alten Bundesrepublik ausgesprochen gut getan. Dafür kann man nicht dankbar genug sein. Es gibt auch eine politische Generation Barth. Die wird im Gedächtnis bleiben.

Frühzeitig hat die Münchner Theologie in einem Aufsatzband mutig Front gemacht gegen die Theologie Karl Barths. Die Tonlage reichte von moderat bis hitzig. Falk Wagner, einer der klügsten analytischen Köpfe des Protestantismus, sprach von theologischer Gleichschaltung, die Barthianer waren *not amused.*[156] In den letzten Dekaden haben sich die Exegeten – auch dank der besseren Quellenlage – darauf konzentriert, die Genese und konsequente Weiterentwicklung der barthschen Theologie zu erforschen. Über die Geltung dieser Theologie ist damit freilich noch nichts entschieden, deshalb bündle ich abschließend nochmals die unterwegs genannten Vorbehalte in drei kritische Anfragen und plädiere für eine echte Alternative.

Exegese und Methode

„(D)ie Zeit scheint noch nicht da zu sein, wo der Dogmatiker sich […] mit gutem Gewissen und Vertrauen auf die Ergebnisse seiner alt- und neutestamentlichen Kollegen beziehen können wird, weil es dann auf beiden Seiten wieder klar sein wird: der Dogmatiker hat

Karl Barths Kirchliche Dogmatik (KD) – vielleicht die bedeutendste systematische Denkleistung im 20. Jahrhundert? © Lachmann/ Fotoversand Sonnhild Mey auch exegetische, aber der Exeget hat auch dogmatische Verantwortung! Solange so viele Exegeten ihren Teil an dieser gemeinsamen Lektion noch nicht besser gelernt oder jedenfalls noch nicht besser in Übung gesetzt haben, solange es Manche von ihnen noch für einen Ruhm zu halten scheinen, hinsichtlich der dogmatischen Voraussetzungen und Konsequenzen ihrer Aufstellungen möglichst unbefangen, weil ahnungslos in die Landschaft hineinzureden, bleibt dem Dogmatiker nichts übrig, als sich seinen ‚Schriftbeweis' – seinerseits in der ganzen Gefährdung des Nichtfachmanns – selber zu erarbeiten" (KD III/2, Vorwort VII). Diese nur mühsam camouflierte Überlegenheitsunterstellung des Dogmatikers Barth gegenüber den Exegeten ist mit Händen zu greifen. Keine Exegetin und kein Exeget von Format werden heute diese Vorrangstellung der Dogmatik akzeptieren und keine Dogmatikerin und kein Dogmatiker von Format werden das auch ernsthaft noch behaupten. Exegetinnen und Exegeten sind keine dienstbaren Knechte und Mägde der Dogmatik, deren Aufgabe sich darin bescheidet, einen Schriftbeweis für eine dogmatische Behauptung zu liefern. Es ergeht eher der Wunsch, Dogmatiker oder Systematiker aller Schulen sollten zuerst bei der Exegese in die Lehre gehen, bevor sie weiterhin *trash* oder Fanliteratur produzieren.

Man darf Barth zugutehalten, er habe – von 1925 bis 1930 betreute sein Lehrstuhl in Münster neben Dogmatik auch das Fach Neues Testament – frühzeitig die Gefahren der historisch-kritischen Methode gesehen. Arnold Stadler, gelernter Theologe, lässt in seinem Roman *Salvatore* seinen Protagonisten hübsch drastisch – als wäre er bei Karl Barth in die Lehre gegangen – sagen, moderne Theologen hätten „wie Automechaniker den Text zerstört [...], auseinandergenommen wie ein altes Auto, und gerade noch zwei Wörter Jesu waren übrig geblieben, welche diese Frisierer als ‚echt' gelten ließen: ‚abba' und ‚amen'."[157] Der auf diese Malaise reagierende *canonical approach* – also der Versuch von der Endgestalt der jeweils vorliegenden Bibel[158] auszugehen – ist auch ein Verdienst von Karl Barth. Heute arbeiten Alttestamentler, die ihr historisch-kritisches Handwerk nicht verleugnen und nicht der Barth-Schule im engeren Sinne zuzurechnen sind, mit der Idee des Kanons und wagen mutige Horizontverschmelzungen.[159]

Problematisch ist die Exegese von Barth in mindestens vierfacher Hinsicht. Biblische Texte haben in seiner Sicht einen elementaren Zeugnischarakter – als Erwählungsgeschichte und als Zeugnis der Auferstehung. Zwar deutet Barth das Alte Testament treffend als Bildungsgeschichte des Volkes Israel, aber er liest die erzählten Geschichten als reale Historie. Neuere Exegese hat wahrscheinlich gemacht, dass viele der frühen Geschichten fiktionale Züge aufweisen[160] – Vermutungen in diese Richtung machten sehr viel früher die Runde. Das trifft Barths These ins Mark, denn Barth liegt alles daran, die Geschichten als im harten Sinn wahre Ereignisse zu deuten. Gerne spricht er vom Faktum. Es reicht aber, um die These, das Alte Testament erzähle eine Bildungsgeschichte des Volkes Israels, zu stützen, völlig hin zu argumentieren, auch fiktionalisierte Narrationen erfüllten diesen Sinn. Bildung durch Geschichten statt Geschichte im Sinne eines harten Historizitätsglaubens. Karl Barth kann und darf das nicht zulassen, weil sein Ehrgeiz darin besteht, Gott als konkret erwählenden Gott zu präsentieren, der stets real mitspielt. Dieses Modell überfordert die biblischen Texte, ist vorkritisch und ästhetisch extrem unsensibel. An dieser Stelle droht das ganze Projekt zu scheitern.

Nicht nur ist die historische Füllung des Zeugnischarakters fragwürdig, die biblischen Autoren dürften sich zweitens durch Barths Entmächtigungsgeste grob missverstanden fühlen: Paulus nennt sich gar nicht unbescheiden einen Autor, der gleichermaßen zeugen und gebären kann. Barths wichtigster Wahrheitszeuge fällt ihm, wie oben gesehen, ins Wort. An dieser Stelle ist Barth definitiv ein falscher Prophet.

Eng damit verbunden ist ein nächster Punkt: Barths Vorliebe für die prophetische Sprachform der Verheißung wird enggeführt auf eine christologische Konzentrierung, die die Erwählungsgeschichte finalisiert. Das Ergebnis ist Exklusion. Biblisch ist die Rede von Verheißung sehr viel komplexer als bei Barth zu lesen. Und die Völkerwallfahrtstexte (etwa Jes 2,2–5; Micha 4,1–5; Jer 16,19–21) lassen Raum für pluralistische Modelle einer Theologie der Religionen.

Schließlich ist die Sündenverbiesterung bei Karl Barth sehr ausgeprägt, auch wenn die Sünde nicht das letzte Wort in seinem mäandernden Diskurs hat. Kein Alttestamentler von Rang spricht heute noch von einer Sündenfallgeschichte. Man kann nicht oft genug daran erinnern: Zum ersten Mal ist von Sünde in der Kain und Abel-Erzählung die Rede. In dieser biblischen Narration wird auf die Fallstricke der Sünde verwiesen, denen man, wie der weisheitlich geprägte Text zeigt, elegant aus dem Weg gehen kann.

Dogmatik und Ethik

Wie oben gesehen: Barth ordnet die Dogmatik der Ethik vor, die Ethikparagraphen folgen jeweils den dogmatischen Abhandlungen über Gott, Schöpfung, Versöhnung (*KD II/2; III/4, IV/4*). Ethik ist Zeugenschaft, hier freilich Zeugenschaft der Erwählung, die den Christen zu ethischen Vollzügen, in der reformierten Tradition unter dem Stichwort *Heiligung* verrechnet, nötigt. Auch hier ist die geforderte Haltung die der Unterwerfung und des Gehorsams. Ethik ist eine Parallelaktion zu den Handlungen Gottes, im Idealfall eine „Parallelschaltung“[161].

Die von Barth favorisierte Vorrangstellung der Dogmatik macht in einzelnen ethischen Fragen zwar die Urteilsfindung für Dritte schnell deutlich, gleichzeitig immunisiert sie sich damit gegen Einsprüche von außen. Im vorigen Kapitel habe ich bereits kritisiert, dass Barths Rede von der Mittelpunktstellung der Christengemeinde dem *status quo* der heutigen Gesellschaft nicht mehr entspricht. Auf dem religiösen Markt gibt es viele Bewerber. Und auch die Ungläubigen, die Barth eingemeinden will, haben ein Recht auf intellektuelle Autonomie. Die Auszeichnung der Dogmatik vor der Ethik dokumentiert nochmals die Schwächen und Engführungen einer prophetischen Theologie. Barths langjährige Weigerung, humanwissenschaftliche Debatten zu rezipieren – und wenn, dann stets im Gestus der finalen Überbietung –, lässt sich nicht länger durchhalten.

Inzwischen gibt es ein elastisches Modell, das die genannten Gefahren nicht aufkommen lässt. Es firmiert unter dem Stichwort: *overlapping consensus*. Der Ausdruck geht auf den Rawls-Schüler Norman Daniels zurück und fragt nach einem überlappenden Konsens zwischen einer philosophischen Ethik, die auf Universalisierbarkeit achtet, und religiösen Hintergrundtheorien, die zwar nicht auf Universalisierbarkeit Anspruch erheben,[162] aber zu vergleichbaren Ergebnissen kommen können bei gleichzeitiger motivationaler Unterfütterung.[163]

Spannend ist dann stets zu erkunden, worin das Surplus einer theologischen Ethik besteht. Ich will eine Antwort kurz andeuten. Mit dem schottischen Moralphilosophen und Aufklärer Adam Smith und dem deutschen Philosophen Ernst Tugendhat gesagt, lauten die zwei Basisnormen, die man voneinander fordern kann: Selbstbeherrschung und Sensibilität. Alle moralischen Protagonisten, die gegen diese Normen verstoßen, müssen sich, so die Pointe bei Tugendhat, schämen. Scham ist in diesem Fall ein *geteiltes Gefühl*; die Zeugen der Scham müssen sich im Gegenzug empören. An der biblischen Schlüsselerzählung von Kain und Abel lässt sich zeigen, dass genau diese beiden Normen eingeklagt werden. Darüber hinaus ermuntert der Text zu einem Statusverzicht, denn es ist der Erstgeborne, Kain, der von Gott in dieser Bildungsgeschichte aufgefordert wird, Wut und Neid, die auch vom Statusverständnis befeuert werden, aufzugeben. Weil aber Statusverzicht eine Forderung ist, die wir nicht gegenseitig voneinander fordern können, besteht das Surplus dieser und vieler anderer biblischen Geschichten in der Ermöglichung von kräftiger Selbstdistanzierung. In diesem Modell des überlappenden Konsenses gibt es eine Diskussion auf Augenhöhe und zugleich kann die theologische Ethik ihr Surplus in die Debatte einbringen. Hintergrundtheorien führen nicht länger ein Schmuddelkinddasein. Und auch das gilt: Der Vorrang der Dogmatik vor der Ethik ist ein Ansatz mit bereits abgelaufenem Verfallsdatum. Die barthsche Komfortzone ist geschlossen.

Prophetie und Weisheit

„Aber da war nun einfach so ein kleiner Prophet in Safenwil, der jetzt seine Sache herausschmettert."[164] So heißt es in einem späten Gespräch im Blick zurück. Der Prophet, der zunächst mit revolutionärem Pathos auftrat, hat diesen Gestus nie aufgegeben. Götzenkritik gehört zu seinem Markenkern. In einem frühen Gespräch mit Thurneysen fällt einmal das einprägsame Bild vom „Offenbarungskanal"[165]. In der Tat: Karl Barth war lebenslang ein prophetischer Offenbarungskanal. Die innere Füllung der prophetischen Botschaft verschob sich aber mitten im Krieg weg von der

Gerichtsankündigung der Römerbriefkommentare hin zum Heilspropheten des Bundes und der Erwählung. An seinen Texten kann man die Verschiebung deutlich machen: Tritt Barth zunächst als Gerichtsprophet auf, der die Allversöhnung verdammt, ist er später ein camouflierter Prophet exakt dieser Vorstellung.

Der späte Prophet ist ein altersmilder Prophet, der Vokabeln wie Humanität und Bundesgenossenschaft ins Vokabelheft schreibt. Jetzt heißt es: „Hinter dem Verhältnis von Mann und Frau, wie es uns in dem Bilde in Gen. 2 und im ‚Lied der Lieder' entgegentritt, steht beherrschend ein *Urbild*: das Verhältnis des *Gottes* Jahve-Elohim zu seinem Volk *Israel. Hinter jenen Texten steht nämlich die alttestamentliche Prophetie*. [Hervorhebung von mir, K.H.] Und nach ihrer immer wieder durchbrechenden Erkenntnis ist der Inbegriff aller Wahrheit und Wirklichkeit, der darum auch der Anfang und das Ziel aller Dinge, das Geheimnis der Schöpfung und das Geheimnis der Vollendung ist, der noch ganz andere, der in jenem Wesen des Menschlichen bloß reflektierte Dualis: Gott und der Mensch in ihrem Zusammensein in der konkreten Gestalt des von Gott zwischen sich und dem Volk Israel aufgerichteten *Bundes*. Dieser Dualis, der Bund, ist das Zentrum des Alten Testaments." (KD III/2, 358)

Nicht zufällig also orientiert sich Karl Barth an prophetischen Texten, zwar auch an Hiob, den Psalmen und dem „Lied der Lieder", aber viele der weisheitlichen Texte im engeren Sinn treten nicht ins Blickfeld. Auch in dieser Hinsicht bleibt Barth ein Antipode zu Schleiermacher, der, leider kein Anhänger des Alten Testaments, wenn überhaupt, dann nur über Weisheitstexte predigte, Barth predigte darüber nur selten. Beide handeln allerdings aus dem gleichen Grund, einfach deshalb, weil zu Zeiten Schleiermachers und auch noch zu Zeiten Barths die Weisheit als nicht genuin israelitisch galt. Das kam Schleiermacher gelegen, um sich vom Alten Testament unmerklich für die einfachen Gläubigen abzusetzen, das kam Barth gelegen, weil die Weisheitstexte in seiner prophetischen Theologie kaum ins Gewicht fielen. Die Weisheitstheologie erweckte, wie Ernst Würthwein noch Ende der 1950er Jahre kritisierte, „den Eindruck [...], als könne der Mensch den Segen von sich aus und außerhalb des Bundes erreichen. [...] Das war vielleicht ägyptisch, jedenfalls nicht genuin israelitisch."[166] Diese These ist durch die neuere Exegese überholt. Die Weisheit zählt heute zu den zentralen Texten, einige Exegeten gehen sogar soweit, weisheitliche Kreise für die Schlussgestalt des alttestamentlichen Kanons verantwortlich zu machen.[167]

Auch wenn in der gegenwärtigen Exegese Brücken zwischen der Weisheit und der Prophetie gebaut werden, sind sie vom Gestus her sehr unterschiedlich. Die Weisheitstheologie, die als Programm aufgelegt werden soll, ist erfahrungsgesättigt, nah an den Phänomenen des Alltags, natürlicher Theologie gegenüber aufgeschlossen, weniger ursprungsfixiert und weniger spekulativ, methodisch-geleitet und dialogfähig, anthropologisch deutlich optimistischer gestimmt (ohne naiv zu sein), korrigier- und revidierbar, ambiguitätstolerant, ist niederschwellig und lebensdienlich, weil sie nicht sofort mit in die Krise geratenen Großbegriffen wie Sünde, Trinität, Heil, dreifachem Amt Christi (Priester, König, Prophet) auftrumpft. Sie ist mutig im Verzicht und angstfrei gegenüber drohenden Totschlagvokabeln, hier ginge es um Selbsterlösung! Und sie ist durchaus in der Lage, sozialkritische Diskurse anzuschieben und totalitätskritisch zu agieren.

Eine Weisheitstheologie wird die von Barth vorgeschlagene Deutung des Alten (Ersten) Testaments als Bildungsgeschichte aufnehmen, exegetisch im Gespräch mit den Alttestamentlern ganz anders begründen und auch Jesus explizit in diese Tradition einstellen: Jesus ist zunächst und zumeist ein Weisheitslehrer, ein selbstbewusster Weisheitslehrer, denn sein literarischer Porträtist, Lukas, lässt Jesus sagen: „Hier ist mehr als Salomo." (Lk 11,31)[168] Was darüber hinausgehend über ihn zu sagen ist, lässt sich von hier aus erörtern. So gelesen, gehört das Erste Testament selbstredend – das sei gegen Schleiermacher und alle Verächter des Alten Testaments gesagt – unlösbar zum christlichen Kanon. Das Christentum ersetzt nicht einen alten Bund durch einen neuen Bund.[169]

Auch wenn man Barth darin folgt, Christentum nicht als eigene Weltanschauung zu deuten oder sie in eine Abhängigkeit von einer definitiven Weltanschauung zu bringen – der Glaube, so sagt Barth, „bleibt frei gegenüber allen Weltanschauungen" (KD III/2, 5 ff.) –, ist es nicht zwingend, seiner prophetischen Theologie anzuhängen, die von einer *realen* Voraussetzung Gott ausgeht, der in großer „Sachlichkeit" entsprochen werden muss. Hinterrücks lehnt sich diese Theologie dann doch wieder gerne an Philosophien an, die metaphysikfreundlich auftreten.[170] Eine Weisheitstheologie, die die Aufklärung ernst nimmt, wird sich darin bescheiden, die biblischen Texte als *Inszenierungen von religiöser Erfahrung* und religiösem Sinn zu thematisieren. Um die Inszenierungstechnik religiöser Erfahrung zu verstehen, ist sie auf den Import von rezeptionsästhetischen und produktionsästhetischen Ansätzen angewiesen. Ihr Gesprächspartner ist also primär – selbstredend nicht ausschließlich – die Literaturwissenschaft.

In Zeiten fröhlicher Pluralität, fünfzig Jahre nach dem Tode Barths, müssen eine prophetische und eine weisheitliche Theologie[171] nicht zu einem Entweder – Oder verkommen. Der Streit um den besten Weg zur Rettung oder, wie die weisheitliche Theologie eher sagen würde: Stärkung der gemeinschaftstreuen Persönlichkeit geht weiter.

Anmerkungen

1 Vgl. die späte Einschätzung meines damaligen Lehrers: Gerrit Neven: Barth lezen. Naar een dialogische dogmatiek, Zoetermeer 2003. Neven schreibt über Barth, ebd., 9: „Wer sein Werk nicht oder unzureichend liest, bleibt auf dem Gebiet der Theologie ein Analphabet." (Übersetzung, K.H.)

2 Karl Barth: Die Kirchliche Dogmatik I/1–IV/4, Zollikon-Zürich1932–1970 (13 Teilbände und Registerband), im Folgenden zitiert als KD plus Bandangabe und Seitenzahl.

3 Vgl. Ernstpeter Maurer: Sprache bei Barth, in: Michael Beintker (Hg.): Barth Handbuch, Tübingen 2016, 165–171.

4 Karl Barth: Der Römerbrief, Zürich [13]1984, 223.

5 Hinrich Stoevesandt: Charlotte von Kirschbaum, in: Beintker: Handbuch (Anm. 3), 54–58.

6 Über die alttestamentliche Prophetie im engeren Sinne informiert vorzüglich Rainer Kessler: Der Weg zum Leben. Ethik des Alten Testaments, Gütersloh 2017.

7 Klaas Huizing: Das Sein und der Andere. Levinas Auseinandersetzung mit Heidegger, Königstein i.T. 1988. Vgl. Michael Mayer / Markus Hentschel (Hg.): Lévinas. Zur Möglichkeit einer prophetischen Philosophie, Gießen 1990; darin: Thomas Wiemer: Das Unsagbare sagen. Zur Vergleichbarkeit von philosophischem Diskurs und literarischem Schreiben. Nach Emmanuel Lévinas, 18–29; Klaas Huizing: Physiognomisierte Urschrift. Lévinas Postscriptum der Moderne, 30–41.

8 Karl Barth: Gespräche 1964–1968, hg. von Eberhard Busch, Gesamtausgabe Abt. V., Zürich 1997, 133.

9 Vgl. auch Alexander Dölecke: Zeittafel zu Leben und Werk, in: Beintker: Handbuch (Anm. 3), 469–474.

10 Barth: Gespräche (Anm. 8), 133ff.

11 Karl Barth: Nachwort, in: Heinz Bolli (Hg.): Schleiermacher-Auswahl, München/Hamburg 1968, 291.

12 Barth: Gespräche (Anm. 8), 139.

13 Ebd., 139ff.
14 Ebd., 146. Unter dem Stichwort Neuprotestantismus verrechnet und verurteilt der späte Barth alle theologischen Strömungen seit der Aufklärung, denen er vorwirft, nicht Theologie, sondern Anthropologie zu betreiben.
15 Zitiert nach Eberhard Busch: Karl Barths Lebenslauf. Nach seinen Briefen und autobiographischen Texten, München [2]1976, 54.
16 Eduard Thurneysen (1888–1974) ist zunächst Pfarrer, später Privatdozent und ab 1941 außerordentlicher Professor für Praktische Theologie in Basel. Bekannt wurde er später durch seine Arbeiten zur Seelsorge. 1921 erscheint seine viel gelesene schmale Schrift über Dostojewski. Barth teilt mit Thurneysen die Begeisterung für diesen Autor. Vgl.: Hong Liang: Leben vor den letzten Dingen: Die Dostojewski-Rezeption im frühen Werk von Karl Barth und Eduard Thurneysen (1915–1923), Neukirchen-Vluyn 2016.
17 Barth: Gespräche (Anm. 8), 148. Im späten Interview datiert Barth die Veröffentlichung des Manifests falsch. Vgl. Wilfried Härle: Der Aufruf der 93 Intellektuellen und Karl Barths Bruch mit der liberalen Theologie, in: Zeitschrift für Theologie und Kirche 72 (1975), 207–224. Härle macht deutlich, wie stark Barth bereits 1914 sich auch von der Zeitschrift *Die Christliche Welt* entfernt hatte. Martin Rade gehörte allerdings nicht zu den Unterzeichnern des Manifestes.
18 Karl Barth / Eduard Thurneysen: Briefwechsel, Bd. 1: 1913–1921, hg. von Eduard Thurneysen, Gesamtausgabe Abt. V., Zürich 1973, 30.
19 Barth: Gespräche (Anm. 8), 149.
20 Barth/Thurneysen: Briefwechsel (Anm. 18), 205.
21 Karl Barth: Der Christ in der Gesellschaft, in: Jürgen Moltmann (Hg.): Anfänge der dialektischen Theologie, Teil I: Karl Barth, Heinrich Barth, Emil Brunner, München [4]1977, 3–37.
22 Für das Verständnis von Karl Barth ist diese frühe Vorlesung sehr erhellend: Karl Barth: Die Theologie

Calvins. Vorlesung Göttingen Sommersemester 1922, hg. von Hans Scholl, Gesamtausgabe, Abt. II, Zürich 1993. Die Vorlesung macht nachträglich deutlich, wie stark Barth in seinen Römerbriefkommentaren Intuitionen von Calvin und dessen Römerbriefauslegung (1539) folgt.

23 Barth: Nachwort (Anm. 11), 297.

24 Ebd., 295.

25 Die dialogische Arbeitsstruktur zwischen Barth und Thurneysen inventarisiert Katja Tolstaja (Hg.): „Das Römerbriefmanuskript habe ich gelesen". Eduard Thurneysens gesammelte Briefe und Kommentare aus der Entstehungszeit von Karl Barths Römerbrief II (1920–1921), Zürich 2015, 134f.: „Nichtwahr, ich durfte dir doch nicht mehr unter die Augen treten, bevor ich die Dostojewskiarbeit hinter mich gebracht hatte; das merkte ich deutlich an Deinem fortgesetzten Steinbengeln nach meinen Schreiben, hinter denen du mich auf dem Faulbett vermutetest. Nun ist die Sache erledigt [...]. In vielem wird die Arbeit wie eine Illustration zu Deiner Röm.briefexegese wirken; so empfinde ich es wenigstens, und sofern sie das wirklich tut, bin ichs zufrieden."

26 Karl Barth / Eduard Thurneysen: Briefwechsel, Bd. 2: 1921–1930, hg. von Eduard Thurneysen, Gesamtausgabe, Abt. V., Zürich 1974, 25.

27 Barth: Nachwort (Anm. 11), 292.

28 Emanuel Hirsch (1888–1972) war als Kirchenhistoriker Barths Kollege in Göttingen, ab 1936 war Hirsch Dogmatiker. Bekannt geworden ist Hirsch durch seine Kierkegaard-Übersetzung und -Studien und eine fünfbändige Geschichte der neueren ev. Theologie. Das sind starke Texte. Hirsch war später ein entschiedener Anhänger Hitlers, ein Unterstützer der Deutschen Christen, Berater des Reichsbischofs Müller und aktiv an der späteren Entlassung Barths aus dem Bonner Lehramt beteiligt. Vgl. Klaus Scholder: Die Kirchen und das Dritte Reich I. Vorgeschichte und Zeit der Illusionen 1918–1934, Frankfurt u.a. 1968. Nach dem Zweiten

Weltkrieg schrieb er, inzwischen beinahe erblindet, unfassbar schlechte Romane.

29 Barth/Thurneysen: Briefwechsel (Anm. 26), 29.

30 Friedrich Gogarten (1887–67) war Professor für Systematische Theologie zunächst in Breslau, später in Göttingen. 1933 trat er kurzzeitig den Deutschen Christen bei, das führte zum endgültigen – die Entfremdung setzte früher ein – Bruch mit Barth. Stark beeinflusst war Gogarten von Martin Buber. Vgl. Friedrich Gogarten: Gericht oder Skepsis. Eine Streitschrift gegen Karl Barth, Jena 1937.

31 Emil Brunner (1889–1966), ab 1924 Professor für Systematische und Praktische Theologie in Zürich, zählte zunächst zu den engsten Verbündeten Barths.

32 Rudolf Bultmann (1884–1976) kehrt sich 1924 von der liberalen Theologie ab und nähert sich der Dialektischen Theologie an. Mit dem Namen Bultmann verbindet das theologische Gedächtnis das Programm der Entmythologisierung und existentialen Interpretation des Neuen Testaments. Bultmann ist ab Mitte der 1920er Jahre stark beeinflusst von der Philosophie des frühen Martin Heidegger. Karl Barth nimmt abschließend Stellung zur Theologie Bultmanns in: Karl Barth: Rudolf Bultmann. Ein Versuch, ihn zu verstehen. Christus und Adam nach Röm. 5. Zwei theologische Studien, Zürich 1952.

33 Karl Barth / Charlotte von Kirschbaum: Briefwechsel, Bd. 1: 1925–1935, hg. von Rolf-Joachim Erler, Gesamtausgabe, Abt. V., Zürich 2008, 27f.

34 Barth/Kirschbaum: Briefwechsel (Anm. 33), 75.

35 Vgl. dazu meinen Roman: Zu dritt. Karl Barth, Nelly Barth, Charlotte von Kirschbaum, Tübingen 2018.

36 Barth/Kirschbaum: Briefwechsel (Anm. 33), aus dem Vorwort des Herausgebers Rolf-Joachim Erler, der auf eine Übersetzung von Marie-Claire Barth zurückgreift; XXf.

37 Barth: Gespräche (Anm. 8), 154.

38 Heinrich Scholz (1884–1956) war eine Vielfachbegabung, er bekleidete zunächst eine Professur in Religionsphilosophie, später in Philosophie, studierte ab

1924 nochmals Mathematik und theoretische Physik, erhielt 1943 den ersten Lehrstuhl für mathematische Logik und Grundlagenforschung in Münster. Er gilt als Mitbegründer der theoretischen Informatik, hatte Kontakt mit Alan Turing und entdeckte den Nachlass von Gottlob Frege. Vgl. Arie L. Molendijk: „Klopfen an die Wand". Die Auseinandersetzung mit Heinrich Scholz, in: Michael Beintker / Christian Link / Michael Trowitzsch (Hg.): Karl Barth in Deutschland (1921–1935), Aufbruch – Klärung – Widerstand. Beiträge zum Internationalen Symposion vom 1. bis 4. Mai 2003 in der Johannes a Lasco Bibliothek Emden, Zürich 2005, 225–265.

39 Barth/Kirschbaum: Briefwechsel (Anm. 33), 164.

40 Dieser Rückgriff hat Karl Barth häufig das Etikett „neoorthodox" eingebracht, auch von Kollegen, die Barth zumindest zeitweise nicht fernstanden: „Jooh – also, nur die törichten Leute haben das eine Zeitlang gesagt: Aber ich muß leider zu den törichten Leuten in diesem Fall auch den großen Paul Tillich rechnen. Der Paul Tillich hat meinen ‚Römerbrief' nicht gelesen – sicher nicht, denn er liest nicht viele Bücher! –, aber angelesen und hat gesagt: ‚Großartig! fein! wunderbar!' Dann hat er das Gerücht gehört, ich sei orthodox gewesen, und hat von da ab nichts mehr von mir gelesen." Barth: Gespräche (Anm. 8), 153. Kennen gelernt hat Barth Tillich während seiner Zeit in Göttingen.

41 Barth: Gespräche (Anm. 8), 155. Die Deutschen Christen waren eine politisch-religiöse Strömung, die die Vereinbarkeit von Christentum und Nationalsozialismus und seinem Führerprinzip betonte und die Aufnahme des Arierparagraphen in die Kirchenverfassungen befürwortete.

42 Abgedruckt in: Evangelische Theologie 23 (1963), 390.

43 Barth: Gespräche (Anm. 8), 156.

44 Ebd., 159.

45 Ebd., 154.

46 Michael Landwehr / Arpàd Ferencz (Hg.): Charlotte von Kirschbaum – Brief über unsere Herbstreise in den Osten (Ungarn und Siebenbürgen 1936), Bunde 2000.

47 Karl Barth: Wolfgang Amadeus Mozart, Zürich [15]2006, 7f.
48 Ebd., 12.
49 Ebd., 41, 42, 43.
50 Vgl. Thomas Erne: Barth und Mozart, in: Zeitschrift für Dialektische Theologie 2 (1986), 234–246.
51 Josef Lukl Hromádka (1889–1969) lehrte von 1920 bis 1939 Systematische Theologie an der Universität Prag. Danach emigrierte er in die USA und war von 1939 bis 1949 Professor in Princeton, kehrte an die Prager Universität zurück, gründete die christliche Friedenskonferenz und war deren Präsident. Barth verfasst den Brief zehn Tage vor dem „Münchner Abkommen". In diesem Abkommen gehen England, Italien und Frankreich auf die Forderungen Hitlers ein, das Sudentenland Deutschland anzugliedern. Auf der Konferenz waren die Tschechen nicht vertreten. Barth war kein Anhänger dieser „appeasement policy"!
52 Karl Barth: Eine Schweizer Stimme 1938–1945, Zollikon-Zürich 1945.
53 Nachlesen kann man die Predigt in: Karl Barth: Predigten 1935–1952, hg. von Hartmut Spieker / Hinrich Stoevesandt, Gesamtausgabe, Abt. I., Zürich 1996, 223–231.
54 Vgl. Karl Hans Bergmann: Die Bewegung „Freies Deutschland" in der Schweiz 1943–1945. Mit einem Bericht von Wolfgang Jean Stock: Schweizer Flüchtlingspolitik und exilierte deutsche Arbeiterbewegung 1933–1943, München 1974.
55 Hans Joachim Iwand (1889–1960) leitete als lutherischer Theologe während der Zeit des Nationalsozialismus ein illegales Predigerseminar. Danach war er Pfarrer in Dortmund, nach dem Krieg Professor in Göttingen und Bonn.
56 Barth: Gespräche (Anm. 8), 161f.
57 Karl Barth: Briefe 1961–1968, hg. von Jürgen Fangmeier und Hinrich Stoevesandt, Gesamtausgabe, Abt. V., Zürich 1975, 478.
58 Barth: Gespräche (Anm. 8), 562.

59 Als ein mit Thurneysen gemeinsames Buch erscheint ein Predigtband: Suchet Gott, so werdet ihr leben!, Bern 1917.
60 Adolf Jülicher: Ein moderner Paulusausleger [1920], in: Moltmann: Anfänge (Anm. 21), 87–98, 88.
61 Ebd.
62 Karl Barth: Der Römerbrief. Bern 1919, unveränderter Nachdruck, Zürich 1963; kritische Ausgabe: Der Römerbrief (erste Fassung), 1919, hg. von Hermann Schmidt, Gesamtausgabe, Abt. II, Zürich 1985, 3. Im Folgenden: Röm I.
63 Hans Georg Gadamer: Wahrheit und Methode. Grundzüge einer philosophischen Hermeneutik, Tübingen [4]1974, 481.
64 Georg Pfleiderer: Karl Barths Praktische Theologie. Zu Genese und Kontext eines paradigmatischen Entwurfs systematischer Theologie im 20. Jahrhundert, Tübingen 2000, 266.
65 Ebd., 283.
66 Karl Barth: Der Römerbrief, Zürich [13]1984, 28f. Im Folgenden: Röm II.
67 Ebd., Vorwort zur fünften Auflage 1926, XXV.
68 Friedrich Wilhelm Graf: Die „antihistoristische Revolution" in der protestantischen Theologie der zwanziger Jahre, in: Jan Rohls / Gunter Wenz (Hg.): Vernunft des Glaubens. FS Wolfhart Pannenberg, Göttingen 1988, 377–405. Ders.: „Der Götze wackelt"? Erste Überlegungen zu Karl Barths Liberalismuskritik, in: Evangelische Theologie 46 (1986), 422–441.
69 Vgl. den klärenden Artikel von Folkart Wittekind. Zur Genese der Theologie Barths in der Abwendung von Wilhelm Herrmann, in: Jörg Dierken / Dirk Evers (Hg.): Religion und Politik. Historische und aktuelle Konstellationen eines spannungsvollen Geflechts, Hermann Ruddies zum 70. Geburtstag, Frankfurt a.M. u.a. 2016, 141–173. Ders.: Geschichtliche Offenbarung und die Wahrheit des Glaubens. Der Zusammenhang von Offenbarungstheologie, Geschichtsphilosophie und Ethik bei Albrecht Ritschl, Julius Kaftan und Karl

Barth, Tübingen 2000. Vgl. auch: Bruce L. McCormack: Karl Barth's Critically Realistic Dialectical Theology. Its Genesis and Development 1909–1936, 218ff.; Georg Pfleiderer / Harald Matern (Hg.): Theologie im Umbruch der Moderne. Karl Barths frühe Dialektische Theologie, Zürich 2014. Vgl. Jörg Dierken: Karl Barth (1886–1968), in: Friedrich Wilhelm Graf (Hg.): Klassiker der Theologie 2. Von Richard Simon bis Karl Rahner, München 2005, 223–257, 233: „Barths Theologie ist genetisch in liberaltheologischen Problemstellungen verwurzelt, so sehr ihre Fortschreibung schließlich zur Geltungsbestreitung führt." Vgl. Walter Kreck: Karl Barth (1886–1968), in: Martin Greschat (Hg.): Theologen des Protestantismus im 19. und 20. Jahrhundert II, Stuttgart u.a. 1978, 382–399.

70 Karl Barth: Die dogmatische Prinzipienlehre bei Wilhelm Herrmann, in: Vorträge und kleinere Arbeiten 1922–1925, hg. von Holger Finze, Gesamtausgabe, Abt. III, Zürich 1990, 545–603.

71 Ebd., 575.

72 Wilhelm Herrmann: Der Verkehr des Menschen mit Gott. Im Anschluss an Luther dargestellt, Tübingen ^{7}1921; Ders.: Ethik, Tübingen ^{5}1913; Ders.: Dogmatik. Mit einer Gedenkrede auf Wilhelm Herrmann von Martin Rade, Gotha 1925.

73 Barth: Prinzipienlehre (Anm. 70), 587f.

74 Herrmann: Verkehr (Anm. 72), 239.

75 Karl Barth: Die Theologie und die Kirche. Gesammelte Vorträge. 2. Band, München 1928, 276.

76 Vgl. auch Cornelis van der Kooi: Karl Barths zweiter Römerbrief und seine Wirkungen, in: Beintker/Link/Trowitzsch: Barth (Anm. 38), 57–75.

77 Jörg Dierken: Gerechtfertigte Religion. Karl Barths Religionsverständnis im Kontext neuzeitlicher Religionsphilosophie, in: Zeitschrift für Dialektische Theologie 11 (1995), 91–107; Ders.: Glaube und Lehre im modernen Protestantismus. Studien zum Verhältnis von religiösem Vollzug und religiöser Bestimmtheit bei Barth und Bultmann sowie Hegel und Schleiermacher, Tübingen 1996.

78 Johann Tobias Beck (1804–1878) war geprägt von einem radikalen Pietismus. Karl Barth hat ihn porträtiert in: Karl Barth: Die protestantische Theologie im 19. Jahrhundert. Ihre Vorgeschichte und ihre Geschichte (1947), Zürich [5]1985, 562–569.

79 Richard Rothe (1799–1867) war stark von Romantik und Hegel beeinflusst. Dazu: Barth: Theologie (Anm. 78), 544–552.

80 Karl Barth: Unterricht in der christlichen Religion, Bd. 1: Prolegomena (1924), hg. von Hannelore Reiffen, Gesamtausgabe, Abt. II, Zürich 1985, 259. Vgl. Heinrich Barth: Gotteserkenntnis, in: Moltmann: Anfänge (Anm. 19), 221–255. Dazu: Johann Friedrich Lohmann: Karl Barth und der Neukantianismus. Die Rezeption des Neukantianismus im ‚Römerbrief' und ihre Bedeutung für die weitere Ausarbeitung der Theologie Karl Barths, Berlin/New York 1995.

81 Pointiert schreibt Georg Pfleiderer: Karl Barth. Theologie des Wortes Gottes als Kritik der Religion, in: Peter Neuner / Gunther Wenz (Hg.): Theologen des 20. Jahrhunderts. Eine Einführung, Darmstadt 2002, 124–144, 134, über diese rezeptionsästhetischen Kniffe, dass im Vollzug der Lektüre „bei den Leserinnen und Lesern jeweils theologische Urteile evoziert werden, um sie im nächsten Schritt als bloß religiöse Gewissheiten zu denunzieren, die erneuter theologischer Aufhebung bedürfen. Im Medium der Lektüre des Textes als einer permanenten theologischen Rezeptionskritik entsteht so nach und nach jenes theologische Wissen, das sich nur im Mit- und Nachvollzug des Textwissens selbst rezipieren und nur als solche Rezeptionsrezeption praktisch-religiös leben lässt." Vgl. zu Karl Barth Klaas Huizing: Homo legens. Über den Ursprung der Theologie im Lesen, Berlin u.a. 1996.

82 Klaas Huizing: Hebammenkunst und Geburtsschmerz. Der Metaphernsprung von Platon zu Paulus, in: Bernd Janowski / Nino Zchomelidse (Hg.): Die Sichtbarkeit des Unsichtbaren. Zur Korrelation von Text und Bild im Wirkungskreis der Bibel, Stuttgart 2003, 207–221.

83 Genau denselben Weg beschreitet knapp hundert Jahre später Ingolf U. Dalferth: Selbstlose Leidenschaft. Christlicher Glaube und menschliche Passionen, Tübingen 2013. Eine Wiederholung macht Theorien nicht richtiger.

84 Hermann Schmitz: Atmosphären, Freiburg/München 2014, 8. Ders.: Der unerschöpfliche Gegenstand. Grundzüge der Philosophie, Bonn 1990.

85 Hans Walter Wolff: Anthropologie des Alten Testaments. Mit zwei Anhängen neu hg. von Bernd Janowski, Gütersloh 2010.

86 Karl Barth: Unterricht in der christlichen Religion, Bd. 1: Prolegomena (1924), hg. von Hannelore Reiffen, Gesamtausgabe, Abt. II, Zürich 1985, 109f. Ders. Unterricht in der christlichen Religion, Bd. 2: Die Lehre von Gott / Die Lehre vom Menschen (1924/1925), hg. von Hinrich Stoevesandt, Gesamtausgabe, Abt. II, Zürich 1990. Ders.: Unterricht in der christlichen Religion, Bd. 3, Die Lehre von der Versöhnung / Die Lehre von der Erlösung, hg. von Hinrich Stoevesandt, Gesamtausgabe, Abt. II, Zürich 2003. Im Folgenden abgekürzt mit Unterricht I, II, III. Vgl. Hinrich Stoevesandt: Die Göttinger Dogmatikvorlesung. Grundriß der Theologie Barths, in: Beintker/ Link/Trowitzsch: Barth (Anm. 38), 77–98. Stoevesandt, Herausgeber des zweiten und dritten Bandes, gelingt es ausgezeichnet zu zeigen, was in dieser ersten Dogmatikvorlesung bereits da ist. Spannend ist natürlich, dass im dritten Band die Eschatologie als Lehre von der Erlösung zur knappen Darstellung kommt, die in der KD bekanntlich nicht mehr ausgeführt wurde. Spannend der Vorschlag, die „Göttinger Dogmatik als Grundlegung einer Predigtlehre zu lesen“, ebd., 97.

87 Karl Barth: Die christliche Dogmatik im Entwurf, Erster Band. Die Lehre vom Worte Gottes. Prolegomena zur Christlichen Dogmatik (1927), hg. von Gerhard Sauter, Zürich 1982.

88 Die drei Bände der Göttinger Vorlesung „Unterricht in der christlichen Religion“ sind erst im Rahmen der Gesamtausgabe, der letzte Band erst sehr spät, erschienen.

Als Barth-Exeget kann man nur anhand dieser Bände seriös die sprunghafte Entwicklung nachvollziehen.

89 Vgl. die Einschätzung bei Stoevesandt: Dogmatikvorlesung (Anm. 86), 84. In seinen ganz späten Texten deutet sich wieder eine Hinwendung zur Pneumatologie an.

90 Vgl. Bruce McCormack: Theologische Dialektik und kritischer Realismus. Entstehung und Entwicklung von Karl Barths Theologie 1909–1936. Aus dem Englischen von Matthias Gockel, Zürich 2006, 289.

91 Vgl. Eilert Herms: Karl Barths Entdeckung der Ekklesiologie als Rahmentheorie der Dogmatik und seine Kritik am neuzeitlichen Protestantismus, in: Beintker/Link/Trowitzsch: Barth (Anm. 38), 141–186.

92 Barth: Dogmatik im Entwurf (Anm. 87), 96–108.

93 Karl Barth: Nein! Eine Antwort auf Emil Brunner, München 1934.

94 Emil Brunner: Natur und Gnade. Zum Gespräch mit Karl Barth, Tübingen 1934, 11: „Formal ist die imago nicht im mindesten angetastet – der Mensch ist, ob sündig oder nicht – Subjekt und verantwortlich. Material ist die Imago völlig verloren, der Mensch ist durch und durch Sünder, und an ihm ist nichts, was nicht von der Sünde befleckt wäre." Vgl. dazu umfassend Christof Gestrich: Neuzeitliches Denken und die Spaltung der dialektischen Theologie. Zur Frage nach der natürlichen Theologie, Tübingen 1977. Ab KD III kann auch Barth wieder vom Anknüpfungspunkt reden, es ist dann kein neutrales Können, kein habituelles Seelenvermögen gemeint, sondern die im Ich-Du-Verhältnis verortete Beziehungsfähigkeit.

95 Die neuere exegetische Diskussion fasst präzise zusammen: Ute Neumann-Gorsolke: Gottebenbildlichkeit (AT), in WiBiLex, Februar 2017; https://www.bibelwissenschaft.de/stichwort/19892/

96 Barth: Dogmatik im Entwurf, (Anm. 87), 371 f. Etwa gleichlautend Barth: Unterricht I (Anm. 86), 198–205.

97 Ebd., 371.

98 Barth: Dogmatik im Entwurf, (Anm. 87), 374 f.

99 Karl Barth: Fides quaerens intellectum. Anselms Beweis der Existenz Gottes im Zusammenhang seines theologischen Programms (1931), hg. von Eberhard Jüngel / Ingolf U. Dalferth, Gesamtausgabe, Abt. II, Zürich [3]2002. Vgl.: Michael Beintker: Fides quaerens intellectum, in: Ders.: Handbuch (Anm. 3), 211–216, 211: „Wir haben es hier mit dem erkenntnistheoretischen Proömium zur Kirchlichen Dogmatik zu tun." Siehe Ders.: ... alles Andere als ein Parergon: Fides quaerens intellectum, in: Ders./Link/Trowitzsch: Barth (Anm. 38), 99–120. Ingolf U. Dalferth: Fides quaerens intellectum. Theologie als Kunst der Argumentation in Anselms Proslogion, in: Zeitschrift für Theologie und Kirche 81 (1984), 54–105.

100 Barth: Fides (Anm. 99), 18.

101 Ebd., 37.

102 Ebd., 54.

103 Karl Barth: Fides (Anm. 99), 135ff.

104 David Plüss: Gottesdienst als Textinszenierung. Perspektiven einer performativen Ästhetik des Gottesdienstes, Zürich 2007.

105 Brevard Childs: Die Theologie der einen Bibel, Freiburg 2003. Neuerdings hat auch Kessler: Weg (Anm. 6) einen kanonischen Ansatz für eine Ethik des AT verfolgt.

106 Walter Groß: Gen 1,26.27; 9,6: Statue oder Ebenbild Gottes?, in: Menschenwürde. Jahrbuch für Biblische Theologie 15 (2000), 11–38.

107 Dierken: Karl Barth (Anm. 69), 244.

108 Den Begriff des Führers deutet Barth „als eine Art sozialer Mimikri des Begriffs der Erwählung Jesu Christi" (KD II/2, 341). Barth schärft ein: „Es ist im christlichen Erwählungsbegriff eine solche Beraubung der Vielen zugunsten des Einen gerade nicht vorgesehen, sondern wenn Jesus Christus der eine Erwählte ist, so ist damit die Erwählung und mit ihr das Geheimnis des Einzelseins und der Einsamkeit, mit ihr die Freiheit und Verantwortlichkeit, mit ihr Vollmacht und Gewalt auch den vielen Übrigen nicht abgesprochen, sondern in diesem Anderen gerade zugesprochen." (ebd., 342) Und

auch die Erwählung der Gemeinde ist etwas markant anderes als „das nationale Volk“ (ebd.).

109 Gegenwartstüchtig und engagiert will Ulrich H.J. Körtner eine Wort-Gottes-Theologie reformulieren und mit neuen Argumenten das Gezweit von Verheißung und Erfüllung klären: Ulrich H.J. Körtner: Dogmatik. Lehrwerk Evangelische Theologie 5, Leipzig 2018, 145–177.

110 Zwiespältig ist das Verhältnis zwischen Karl Barth und Elisabeth Schmitz. Schmitz, ab 1929 Studienrätin an einer Mädchen-Oberschule in Berlin-Moabit, war Teilnehmerin in der von Helmut Gollwitzer geleiteten „Dogmatischen Arbeitsgemeinschaft“, in der auch die ersten Bände der KD besprochen wurden. Ab 1934 war sie Mitglied der Bekennenden Kirche. 1935 verschickte sie 200 Exemplare ihrer anonym verfassten Schrift *Zur Lage der deutschen Nichtarier*, unter anderem an Bonhoeffer, Gollwitzer und Barth. Nach den Novemberpogromen 1938 forderte sie dazu auf, jüdische Gemeinden auch finanziell zu unterstützen und Kirchen für jüdische Gottesdienste zu öffnen. Nachweislich besuchte sie mehrfach Barth auch in Basel, der aber konnte sich nicht zu einer öffentlichen Stellungnahme durchringen. In einem langen Brief an Schmitz zieht Barth nochmals eine Linie von der liberalen Theologie, „die aus der Kirche einen ‚Verein für Moral und Mystik‘ habe machen wollen, zu den Deutschen Christen. [...] Barth betont, dass die Kirche zunächst zu sich selber zurückkehren müsse, zu ihrer Substanz, bevor sie ‚die christliche Liebe und die christliche Wahrheit‘ in einer Gesellschaft sprechen lassen könne.“ So Sibylle Biermann-Rau: Wie sich die Protestantin für Juden einsetzte, als ihre Kirche schwieg, Hamburg 2017, 44. Sein Schweigen in dieser Frage hat Barth später in einem Brief an Bethge „als eine Schuld“ empfunden. Ebd., 47. Auf eigenen Wunsch hin wurde Schmitz nach den Pogromen in den Ruhestand versetzt, nach dem Krieg arbeitete sie wieder als Studienrätin in Hanau. Erst als durch einen Fund der Originale die Urheberschaft von Elisabeth Schmitz' Schrift zweifelsfrei nachgewiesen

worden war, wurde sie 2011 in der Gedenkstätte Yad Vashem in die Liste der Gerechten unter den Völkern aufgenommen. Ihr auch privates Engagement, sie nahm für mehrere Jahre eine jüdische Ärztin auf, zeigt die Courage dieser Frau. Bemerkenswert auch, wie früh Schmitz das Judentum als Grundlage des Christentums herausstrich. Zum Briefwechsel zwischen Barth und Schmitz siehe Dietgard Meyer: Wir haben keine Zeit zu warten. Der Briefwechsel zwischen Elisabeth Schmitz und Karl Barth in den Jahren 1933–1966, in: Kirchliche Zeitgeschichte 22 (2009), 328–374.

111 Gerrit Cornelis Berkhouver: Der Triumph der Gnade in der Theologie Karl Barths. Aus dem Niederländischen übersetzt von Theo Preis, Neukirchen-Vluyn 1957.

112 J. Christine Janowski: Gnadenwahl, in: Beintker: Handbuch (Anm. 3), 321–327, 322. Vgl. auch: Dies.: Allerlösung. Annäherungen an eine entdualisierte Eschatologie, 2 Bde., Neukirchen-Vluyn 2000.

113 In Barth: Unterricht III (Anm. 86), 491 f., lehnt er den Gedanken noch kategorisch ab.

114 Carl Zuckmayer / Karl Barth: Späte Freundschaft in Briefen, Zürich [8]1986, 19 f.

115 Explizit hat sich neben Martin Walser der amerikanische Autor John Updike auf Karl Barth bezogen. Wie er in seiner Autobiographie *Selbstbewußtsein* schreibt, haben „die existentiellen Schrecken“ ihn zu „Chesterton und Thomas von Aquin, zu Kierkegaard und Barth getrieben“. Die existentiellen Schrecken bezogen sich auf sein Stottern, seine Psoriasis, seine entzündete Speiseröhre, die ihn oft würgen ließ. „Diese erinnerten grauen Augenblicke, da meine Seele kaum atmen konnte, sind über eine Spanne von Jahren verstreut. Um mir Helle und Luft zu verschaffen, las ich Karl Barth und verliebte mich in anderer Männer Frauen.“ Sein Glaube ist eine Glaubensentscheidung: „Zur selben Zeit während der Pubertät nahm ich zögernd wahr, daß an die christliche Religion, in die ich hineingeboren war, fast niemand wirklich glaubte – weder ihre Geistlichen noch ihre Stützen in der Gemeinde wie mein

Vater und sein Vater vor ihm. Es gab zwar überall Zeichen des Glaubens (Kirchen, öffentliche Gebete, Inschriften auf Münzen), aber wenn man sich auf die christliche Religion zubewegte, löste sie sich auf wie Nebel: aus der Entfernung massiv und undurchdringlich, wird er dünn und transparent, wenn man hineingeht. Ich beschloss dennoch glauben zu wollen. Ich fand einige Autoren, sehr wenige – Chesterton, Eliot, Unamuno, Kierkegaard, Karl Barth –, die mir halfen. Unter dem Schutzdach (wie die gegen die Wand gekippten Korbsessel auf der Seitenveranda), das ich mir aus Büchern bereitete, habe ich mein Leben gelebt. [...] man glaubt nicht allein deshalb, um die entwürdigende, lähmende Angst vor dem Tod aus seinem Leben zu verbannen, sondern um den Archimedischen Punkt außerhalb der Welt zu finden, von dem aus die Welt bewegt wird. Die Welt kann nicht ihr eigenes Maß, ihre Kriterien bestimmen; die müssen von außerhalb kommen, sonst regieren trauriger Hedonismus und roher Opportunismus." John Updike: Selbstbewußtsein. Erinnerungen. Deutsch von Maria Carlsson, Reinbek 1990, 76, 130, 298, 30. Besonders eindringlich taucht Barth in Updikes Romanen *Das Gottesprogramm. Rogers Version* (Kreationismus gegen Karl Barth lautet die Versuchsanordnung) und *Gott und die Wilmots* auf. Aber auch der Pastor Fritz Kruppenbach im ersten Rabbit-Roman, deutsch: Hasenherz, zeigt Züge von Karl Barth. Die Biographie von Adam Begley: Updike, New York 2014, geht auch den religiösen Wurzeln von Updike nach.

116 Im engen Rahmen dieses Bandes kann ich nicht explizit Barths Theorie vom Nichtigen behandeln, vgl. dazu Wolf Krötke: Sündiges und Nichtiges bei Karl Barth, Neukirchen-Vluyn [2]1983; Matthias D. Wüthrich: Gott und das Nichtige. Eine Untersuchung zur Rede vom Nichtigen ausgehend von Karl Barths KD § 50, Zürich 2006; Michael Beintker: Hamartiologie und Christologie. Die Bauformen der Sündenlehre in KD IV/1–3, in: Ders.: Krisis und Gnade. Gesammelte Schriften zu Karl

Barth, hg. von Stefan Holtmann / Peter Zocher, Tübingen 2013, 153–171.

117 Martin Buber: Ich und Du (1923), Stuttgart 2008.

118 Karl Jaspers: Philosophie I–III (1932), München 1994. Ders.: Einführung in die Philosophie, München 1971.

119 Karl Barth: Die Menschlichkeit Gottes, Zürich 1956, 16f.

120 Neven: Barth (Anm. 1), 38, identifiziert in dem kleinen unscheinbaren Wort *gerne* ein Schlüsselwort und verfolgt in der KD deren Auftritt an sieben markanten Stellen, unterscheidet eine realistische, kritische, ethische, hermeneutische Bedeutung, betont, dass sie aber letztlich eine „schlechthin pneumatologische Kategorie" sei (Übersetzung, K.H.).

121 Martin Buber: Werke. Erster Band: Schriften zur Philosophie, München/Heidelberg 1962, 305: „Es verhält sich jedoch so, daß hier ebensowenig von meiner persönlichen Gedankenwelt als solcher wie von der Barths als solcher die Rede zu sein braucht; vielmehr steht hier der protestantischen Glaubenswelt in seinem Verständnis die chassidische in meinem Verständnis gegenüber. Und da, bei den Chassidim – in einer Glaubenswelt, deren wichtigste Lehren der Kommentar zu einem gelebten Leben sind – ist das ‚gern' der Herzensfreiheit zwar nicht Konsequenz, wohl aber die innerste Voraussetzung, Grund des Grundes. Man höre nur, wie da gesprochen wird: ‚Klugheit ohne Herz ist gar nichts. Fromm ist falsch.' Denn ‚die wahre Gottesliebe fängt mit der Menschenliebe an'." Vgl. die kritischen Äußerungen von Hartmut Kreß: Theologische Ethik, Stuttgart 1996, 56–63.

122 Vgl. Johan F. Goud: Emmanuel Levinas und Karl Barth. Ein religionsphilosophischer und ethischer Vergleich. Aus dem Niederländischen übersetzt von Karin Gellinek, Bonn/Berlin 1992.

123 Emmanuel Levinas: Die Zeit und der Andere. Übersetzt und mit einem Nachwort versehen von Ludwig Wenzler, Hamburg 2003.

124 Levinas hat Heidegger im berühmten Gespräch mit Cassirer 1929 in Davos assistiert.

125 Emmanuel Levinas: Totalität und Unendlichkeit. Versuch über die Exteriorität (1961). Übersetzt von Nikolaus Krewani, Freiburg i. Br./München [4]2003, 116.
126 Emmanuel Levinas: Die Spur des Anderen. Untersuchungen zur Phänomenologie und Sozialphilosophie. Übersetzt, eingeleitet und herausgegeben von Nikolaus Krewani, Freiburg i. Br./München [4]1999, 204.
127 Descartes zählt im Werk Barths zu seinen beliebtesten Prügelknaben.
128 Emmanuel Levinas: Wenn Gott ins Denken einfällt: Diskurse über die Betroffenheit von Transzendenz. Aus dem Französischen von Thomas Wiemer, Freiburg i.Br./München 1985, 45.
129 Emmanuel Levinas: Jenseits des Seins oder anders als Sein geschieht. Aus dem Französischen übersetzt von Thomas Wiemer, Freiburg i.Br./München 1992, 219.
130 Emmanuel Levinas: Difficile Liberté, Paris 1976, 129.
131 Vgl. dazu die umfassende, alle relevanten Positionen von Barth ausgehend inventarisierende Studie: Karl-Heinz Menke: Stellvertretung. Schlüsselbegriff christlichen Lebens und theologische Grundkategorie, Einsiedeln/Freiburg 1991.
132 Kreß: Ethik (Anm. 121), 62.
133 Karl Barth: Theologische Existenz heute! (1933), neu hg. und eingeleitet von Hinrich Stoevesandt, München 1984, 69.
134 Ebd., 72, 70f.
135 Barth: Existenz (Anm. 133), 53f.
136 Ebd., 48.
137 Ebd., 59.
138 Karl Barth: Rechtfertigung und Recht. Christengemeinde und Bürgergemeinde. Evangelium und Gesetz, Zürich 1998, 73f. Die folgenden Zitate im Text beziehen sich auf diesen Essay.
139 Wolfgang Huber: Christen in der Demokratie, in: Aus Politik und Zeitgeschichte 14 (2009), online-Ausgabe, www.bpb.de/apuz/32080/christen-in-der-demokratie, letzter Zugriff 11.3.2018. Vgl. Ders.: Protestantismus und Demokratie, in: Ders. (Hg.): Protestanten in der

Demokratie, München 1990, 11–36; Ders.: Demokratie wagen: Der Protestantismus im politischen Wandel 1965–1985, in: Siegfried Hermle / Claudia Lepp / Harry Oelke (Hg.): Umbrüche: Der deutsche Protestantismus und die sozialen Bewegungen in den 1960er und 1970er Jahren, Göttingen 2007, 383–399.

140 Barth sagt es nicht, aber ich vermute eine Anspielung auf 1. Kor 1,10–17, denn bekanntlich ist Paulus kein Anhänger der Parteiungen in Korinth.

141 Colin Crouch: Postdemokratie, Berlin 2008.

142 Klaas Huizing: Scham und Ehre. Eine theologische Ethik, Gütersloh 2016; Falk Wagner: Recht und Religion in der Sicht der protestantischen Theologie, in: Ders.: Zur gegenwärtigen Lage des Protestantismus, Gütersloh 1995, 114–136, 133.

143 Evangelische Kirche in Deutschland (Hg.): Evangelische Kirche und freiheitliche Demokratie. Der Staat des Grundgesetzes als Angebot und Aufgabe. Eine Denkschrift der EKD, Gütersloh 1985.

144 So treffend Reiner Anselm – Schüler von Trutz Rendtorff: Politische Ethik, in: Wolfgang Huber / Torsten Meireis / Hans-Richard Reuter (Hg.): Handbuch der Evangelischen Ethik, München 2015, 195–263, 226f.

145 Ebd., 228.

146 Ebd., 231.

147 Ob Religionen tatsächlich strukturell intolerant sind, ist eine spannende Frage. Thomas Bauer hat in einer kleinen Schrift für eine andere Lesart plädiert. Zwar gesteht Bauer unumwunden zu, dass Religionen häufig einen Hang zur Eindeutigkeit haben, aber für das „Gedeihen von Religion" hält er „eine hohe Ambiguitätstoleranz" letztlich „aus zwei Gründen" für unerlässlich: „Der erste Grund beruht auf der Notwendigkeit, Transzendenz als solche zu akzeptieren. Religion beruht auf dem Glauben an etwas, das über das rational Erkennbare hinausgeht, im Wortsinn es überschreitet bzw. transzendiert, den Glauben also an etwas, das größer und anders ist als wir. Und weil das so ist, ist es auch nicht restlos ausdeutbar. [...] Es ist klar, dass in Gesellschaften mit geringer Am-

biguitätstoleranz der Boden für die Religion schlecht bestellt ist, es sei denn, sie tritt in einer fundamentalistischen Ausprägung auf, die Eindeutigkeit vorgaukelt. [...] Der zweite Aspekt, warum Ambiguitätstoleranz für das Gedeihen von Religion erforderlich ist, besteht in der Tatsache, dass Religion zuerst und vor allem Kommunikation ist. [...] In diesen Religionen geht man davon aus, dass das Göttliche, das eigentlich ganz Andere, sich dem Menschen mitteilt, also mit ihnen kommuniziert. Diese Kommunikation findet nicht immer und überall statt, sondern in bestimmten historischen Kontexten, wo sie dann ihren Niederschlag in schriftlicher Form findet. [...] Da es sich zumeist um ziemlich komplexe Texte handelt, die noch dazu über ein besonders ambiguitätshaltiges Feld wie Religion und Glauben sprechen, weisen sie sogar ein besonders hohes Maß an Ambiguität auf, vergleichbar allenfalls mit literarischen Texten." Thomas Bauer: Die Vereindeutigung der Welt. Über den Verlust an Mehrdeutigkeit und Vielfalt. Stuttgart [2]2018, 33–35. Vgl. auch vom selben Autor: Die Kultur der Ambiguität. Eine andere Geschichte des Islams, Berlin 2011. Der Karl Barth der Dialektischen Theologie, legt man das von Bauer vorgeschlagene Schema an, wäre trotz seines Subjektwechsels durchaus noch zu den Autoren zu rechnen, die ambiguitätstolerant sind, der Barth des Römerbriefes ist es allenfalls noch teilweise, aber die Doktrinalisierung seines Diskurses und die Engführung biblischer Texte unter dem Generalschlüssel Zeugenschaft zu inventarisieren, lassen kaum Spielraum für Mehrdeutigkeit.

148 Ebd., 236f.

149 Kreß: Ethik (Anm. 121), 59.

150 Vgl. ebd., 60.

151 „Der Spiegel" titelt am 23.12.1959: Gottes fröhlicher Partisan, eine Formulierung, die auf Karl Barth zurückgeht.

152 Eberhard Jüngel: Gottes Sein ist im Werden. Verantwortliche Rede vom Sein Gottes bei Karl Barth. Eine Paraphrase (1965), Tübingen [4]1986.

153 Eberhard Jüngel: Gott als Geheimnis der Welt. Zur Begründung der Theologie des Gekreuzigten im Streit zwischen Theismus und Atheismus (1977), Tübingen ^{7}2001.

154 Ingolf U. Dalferth: Religiöse Rede von Gott, Studien zur Analytischen Religionsphilosophie und Theologie, München 1981. Vgl. auch Ernstpeter Maurer: Sprachphilosophische Aspekte in Karl Barths „Prolegomena zur Kirchlichen Dogmatik", Frankfurt a.M. u.a. 1989; Ders.: Narrative Strukturen im theologischen Denken Karl Barths, in: Zeitschrift für Dialektische Theologie 23 (2007), 9–21.

155 Vgl. den klärenden Aufsatz von Georg Pfleiderer: ‚Inkulturationsdialektik'. Ein Rekonstruktionsvorschlag zur modernitätstheoretischen Barthinterpretation, in: Beintker/Link/Trowitzsch: Barth (Anm. 38), 223–244.

156 Trutz Rendtorff: Der ethische Sinn der Dogmatik. Zur Reformulierung des Verhältnisses von Dogmatik und Ethik bei Karl Barth, in: Ders.: (Hg.) Die Realisierung der Freiheit. Beiträge zur Kritik der Theologie Karl Barths, Gütersloh 1975, 119–134; Falk Wagner: Theologische Gleichschaltung. Zur Christologie bei Karl Barth, in: ebd., 10–43, später aufgenommen in Ders.: Was ist Theologie?, Gütersloh 1989, 126–144. Dieser denkstarke Text übersieht, dass das *Extra-Calvinisticum* Barth in die Malaise treibt. Überhaupt: Im Blick zurück mutet es sehr seltsam an, dass vier Systematiker (Rendtorff, Wagner, Graf, Sparn) ein einziges – allerdings – schlagkräftiges, von Dieter Henrich entlehntes Argument gegen Barth in Stellung brachten: die Begründungsleistung einer theozentrischen Theologie ist zirkulär. Und noch seltsamer mutet es heute an, dass der Band mit einem Essay Wagners schließt, der seine Theorie des Absoluten als Gegenangebot anpreist. Wagner selbst hat von seinem Ansatz später selbstkritisch Abstand genommen. Immerhin!

157 Arnold Stadler: Salvatore, Frankfurt a.M. 2015, 46.

158 Zwischen katholischer Kirche, Luthertum und Reformiertentum gibt es hinsichtlich des Umgangs mit den

apokryphen Bibelbüchern jeweils markante Unterschiede, die hier nicht diskutiert werden können.

159 Ich darf nochmals verweisen auf Kessler: Weg (Anm. 6).

160 Ich nenne wichtige Literatur: Vgl. Erhard Blum: Historiographie oder Dichtung? Zur Eigenart alttestamentlicher Geschichtsüberlieferung, in: Ders. u.a. (Hg.): Das Alte Testament – Ein Geschichtsbuch?, Altes Testament und Moderne 10, Münster 2005, 65–86; Christian Frevel: Bibel und Geschichte, in: Walter Dietrich (Hg.): Die Welt der Hebräischen Bibel. Umfeld – Inhalte – Grundthemen, Stuttgart 2017, 43–56, 45: „Beim Exodus, sicher der wirkmächtigsten Erzählung der Bibel, schwankt die Forschung zwischen Fiktion und Erinnerungsfigur." Konrad Schmid: Literaturgeschichte des Alten Testaments. Eine Einführung, Darmstadt [2]2014; Jörg Röder: Schreiben Geschichten (wahre) Geschichte? Fiktionalität und Faktualität, Fakten und Fiktives im Diskurs neutestamentlicher Exegese, in: Susanne Luther / Jörg Röder / Eckart D. Schmidt (Hg.): Wie Geschichten Geschichte schreiben. Frühchristliche Literatur zwischen Faktualität und Fiktionalität, Tübingen 2015, 59–107.

161 Barth: KD IV/2, 127. Hier wird der Ausdruck für die Menschwerdung Gottes gebraucht.

162 Ohne die Postmoderne wäre ein solches Modell gar nicht möglich gewesen.

163 Norman Daniels: Reflective Equilibrium and Archimedean Points, in: Ders.: Justice and Justification. Reflective Equilibrium in Theory and Practice, Cambridge 1996, 47–65. Vgl. Klaas Huizing: Scham und Ehre (Anm. 142), passim.

164 Barth: Gespräche (Anm. 8), 161f.

165 Tolstaja: Römerbriefmanuskript (Anm. 25), 51.

166 Ernst Würthwein: Die Weisheit Ägyptens und das Alte Testament (1958), in: Ders.: Wort und Existenz. Studien zum Alten Testament, Göttingen 1970, 197–216, 207.

167 Gerald T. Sheppard: Wisdom as a Hermeneutical construct. A Study in the Sapientializing of the Old Testament, Berlin/New York 1980. Ulrich H.J. Körtner

schenkt der Prophetie im Kontext seiner Neuauflage einer Wort-Gottes-Theologie neue Aufmerksamkeit: „Besteht Prophetie in der Aktualisierung der Christusbotschaft, so ist prophetische Rede immer auch Ansage eines Kairos, in welchem letztes Gelingen und Scheitern des Menschen auf dem Spiel steht." Ulrich H.J. Körtner: Dogmatik. Lehrwerk Evangelische Theologie 5, Leipzig 2018, 476.

168 Reinhard Feldmeier: Gottessohn und Lehrer – Jesus von Nazareth, in: Tobias Georges / Jens Schreiner / Ilinka Tanaseanu-Döbler (Hg.): Bedeutende Lehrerfiguren. Von Platon bis Hasan al-Banna, Tübingen 2015, 37–62; Otto Bächli: Das Alte Testament in der Kirchlichen Dogmatik von Karl Barth, Neukirchen-Vluyn 1987.

169 Vgl. auch Walter Homolka: Wessen Jesus? Zwischen Geschichte und Wirkungsgeschichte, Nachwort zu: Amos Oz: Jesus und Judas, Ostfildern 2018, 85.

170 Ein solcher Kandidat wäre Markus Gabriel (passender Nachname): Sinn und Existenz. Eine realistische Ontologie, Berlin 2016. Vgl. die vorsichtige Aufnahme des Neuen Realismus im Kontext der Ethik bei Elisabeth Gräb-Schmidt: Umweltethik, in: Huber/Meireis/Reuter: Handbuch (Anm. 144) 649–709, 657.

171 Als erster Band einer weisheitlichen Theologie erschien meine weisheitliche Ethik: Scham und Ehre (Anm. 142). Als nächster Band folgt eine weisheitliche Lebenslehre, danach eine weisheitliche Religionsphilosophie.

Mein herzlicher Dank gilt meiner Lektorin Dr. Elke Rutzenhöfer für die Aufnahme des Essays in das Verlagsprogramm und die intensiven Gespräche. Herzlich danken möchte ich auch Constanze Grimm für die sorgfältige Lektüre und Dr. Michael Bauer für seine kritisch-konstruktiven Beiträge.